The Poet and The Sea

The Poet and the Sea

Juan Ramón Jiménez

Translated by
Mary G. Berg and Dennis Maloney

White Pine Press / Buffalo, New York

Publication of this book was made possible, in part, by a grant from the
National Endowment for the Arts, which believes that a great nation
deserves great art, and with public funds from the New York State Council
on the Arts, a State Agency.

First Edition

Cover painting: "Weather No. 7," by Mary Heebner. Copyright ©2009
by Mary Heebner. www.maryheebner.com

Library of Congress Control Number: 2009921872

ISBN 978-935210-01-6

Published by
White Pine Press
P.O. Box 236
Buffalo, New York 14201
www.whitepine.org

Dedicated to the memory of poet, translator, and publisher
Alexander "Sandy" Taylor
fellow traveler and compañero on the dusty roads of poetry.

Contents

POEMS AFTER DIARIO DE UN POETA RECIÉN CASADO,
DIARY OF A POET RECENTLY MARRIED, 1916

Introduction

The sea is an insistently recurring presence in over fifty years of poems by the great Spanish poet, Juan Ramón Jiménez (1881-1958). Descriptions of the sea have been central to the poetic tradition of Spain[1] throughout its centuries as a seagoing nation surrounded by the Mediterranean, Cantabrian and Balearic Seas, and the Atlantic Ocean. Those who have written about Juan Ramón Jiménez have often commented that "the presence of the sea becomes a key factor for understanding his poetry, filled with light and beauty but also with darkness and abysses. The sea is, in its essence, independent, unlimited, alien …, an unending surprise"[2] that fascinates, seduces, haunts, and sometimes overwhelms the imagination.

Images of the sea are interwoven throughout Juan Ramón Jiménez' entire lifelong engagement with the creation of poetry, beginning perhaps with his description of how at age eleven, from his boarding school window, he looked out over a beach and the sky, "profound and asleep above the water, and in a distance Cádiz, with the sad glow of its lighthouse beacon."[3] Throughout his life, the sea is significant in moments of extremity and transition, never more so than on his ocean voyage to his marriage in New York, described in his important 1917 collection, *Diario de un poeta reciencasado* (*Diary of a Newlywed Poet*), which he later retitled *Diario de poeta y mar* (*Diary of the Poet and the Sea*) in 1955, only to change it back in the 1957 edition to

Diario de un poeta reciencasado. The sea of Jiménez' childhood evolves into the sea that carries him to his great passionate love;

> Oh sea, true sea;
> I travel on you – thank you, soul! –
> to love.

His passion extends to the surrounding sea — he discovers depths of love and of appreciation of the sea's autonomy as he blends poetry and prose, excitement and apprehension, passions and epiphanies. Later in his life, Juan Ramón Jiménez would reflect about the major upheavals in his life that "the sea makes me come alive because it is contact with the force of nature, with the elements, and thanks to this it becomes abstract poetry; thus the Diary was born, and many years later, thanks again to the sea, on the occasion of my voyage to Argentina, *Dios deseado y deseante (God Desired and Desiring)* of 1964 was born."[4] Over the course of Jiménez' writing life, the sea reflects a multitude of negative and positive passions: joys, loves, fears and pains, life and death, both eternity and mortality. Thus in Juan Ramón Jiménez' poetry the sea is related to childhood, to love, to passion, to fear of its violence and unpredictability, to imagination ("the sea of my imagination was the vast sea!"), to solitude, to inner strife, and to what he eventually called his pantheistic "third sea" in *Animal de Fondo* (Animal of the Depths) 1949, where he marveled that "Now I know that I am complete."

THE POET

Winner of the 1956 Nobel Prize in Literature, Juan Ramón Jiménez is considered one of Spain's most significant poets, and certainly one of the most widely read and reread voices of the twentieth century. He was born in 1881 in the small town of Moguer, on the southwestern Atlantic coast of Spain, in the province of Huelva, a hometown he would recall affectionately all his life. The youngest of four children, he went to school in the province of Cádiz and then studied law and art in Sevilla (1896-1900) where he began to write poetry with growing enthusiasm, and to read French, German and

English writers as well as the Spanish poets Gustavo Adolfo Bécquer and Rosalía de Castro. His first publications began to appear in 1896 in Sevilla and then in Madrid. At the invitation of poets Francisco Villaespesa and Rubén Darío, Jiménez traveled to Madrid in April, 1900 where he published his first books of poems, *Ninfeas (Waterlilies)* and *Almas de violeta (Souls of Violet)*. After his father's unexpected death in July, 1900, Jiménez suffered from depression and was treated for this by doctors in Bordeaux and Madrid, where he became associated with the reform-minded educational enterprise, La Institución Libre de Enseñanza, where he was an active participant in interchanges between intellectual leaders and writers. He lived in Moguer 1905-1912, writing, and reading classical Spanish poets and modern French symbolists. He wrote and published some eight volumes of poetry 1908-1912 and wrote most of his acclaimed prose poem, *Platero y yo (Platero and I)*, published in 1917. In 1912, Jiménez returned to Madrid where he lived in the stimulating intellectual residential center, the Residencia de Estudiantes, until his marriage in 1916. Friends such as Unamuno, Menéndez Pidal, Azorín, Eugenio d'Ors, and José Ortega y Gasset were very important to him. In 1913, he met Zenobia Camprubí Aymar, and in 1916 Jiménez crossed the Atlantic to marry her in New York, where she had gone with her mother. Juan Ramón Jiménez wrote fervently during these years, composing *Sonetos espirituales (Spiritual Sonnets)* in 1914-15, *Estío (Summer)* in 1915, and *Diario de un poeta reciencasado (Diary of a Newlywed Poet)* in 1916 as he made the life-transforming sea voyage to and from New York. Upon his return to Madrid, he published an important selection of his poems, *Poesías escogidos (Selected Poetry)*, *Platero y yo (Platero and I)* and the *Diario*. In 1918 and 1919, he published *Eternidades (Eternities)* and *Piedra y cielo (Stone and Sky)*. His important *Segunda antología poética (Second Poetic Anthology)* appeared in 1922 and *Poesía (Poetry)* and *Belleza (Beauty)* in 1923 as well as many other short collections of poems. He was also writing prolific essays, texts about literature, stories, aphorisms, translations and other pieces. The increasing political tensions in Madrid in the late 1930s made life more difficult and after the outbreak of the Spanish Civil War (JULY 18, 1936), Juan Ramón Jiménez and his wife left for the United States. They stayed briefly in the U.S., lived in Cuba (1936-39), and in Coral Gables, Florida (1939-42) where Jiménez

taught at the University of Miami. They lived near Washington D.C. 1942-51, where they taught at the University of Maryland, and then spent seven years in Puerto Rico, where he taught at the University of Puerto Rico in Río Piedras. They particularly enjoyed their stays in Puerto Rico and Cuba, and a three-month visit to Argentina and Uruguay in 1948 was especially stimulating and gratifying. In 1956, he was awarded the Nobel Prize. A few days later, his wife, Zenobia, died of cancer. Juan Ramón Jiménez died MAY 29, 1958.

Jiménez played an important role as a public poet, a very visible intellectual figure, and as a distinguished Republican exile from Spain. He contributed to encouraging writers through public appearances, classes, teaching, and the publication of anthologies such as *La poesía cubana en 1936 (Cuban Poetry in 1936)* and *Verso y prosa para niños (Verse and Prose for Children)* published in Puerto Rico in 1936. Much of Jiménez' best poetry was not published until 1946, including books such as *La estación total con las canciones de la nueva luz 1923-1936 (The Complete Season with the Songs of the New Light 1923-1936).* Some of his best prose writing was published in 1942: *Españoles de tres mundos (Spaniards in Three Worlds). Espacio (Space)* appeared in 1941, 1942 and 1954, and his extraordinary *Dios deseado y deseante (God Desired and Desiring),* inspired by his Argentine trip, was published in several editions between 1948 and 1964. He refers back to the sea poems of *Diario,* retrospectively viewing his whole trajectory, from his Moguer childhood on, as a poetic, religious quest. Michael Predmore, who has written very perceptively about Juan Ramón Jiménez, speaks of Jiménez' "religious quest for god and beauty, as it occupies the center of his created world and represents the crowning achievement of a lifelong poetic vocation."[5]

In the half century since Juan Ramón Jiménez' death, numerous collections of his poems have continued to be published. He left an enormous archive of notes, revisions and manuscripts at the University of Puerto Rico in Río Piedras. Jiménez is said to have aspired to rewrite all of his poems continuously —even daily——as his ideas about them changed, and he hoped to see his favorite versions included in a final anthology, a testimony and a celebration of his life's work, his Obra. The thousands of pages of recent ambitious anthologies include many collections of Jiménez' poetry

never published during his lifetime, as well as anthologies that attempt to gather his most significant work (such as the 2005 volumes edited by Javier Blasco and Teresa Gómez Trueba[6]), and other anthologies that gather his own final favorite versions (such as the 2006 volume edited by Antonio Sánchez Romeralo and María Estela Harretche[7]). New collections of previously unpublished or extensively revised poems continue to appear[8], as Juan Ramón Jiménez' words remain relevant and meaningful to very large numbers of readers.

— Mary G. Berg

1 See anthologies such as José Manuel Blecua's *El mar en la poesía española*. Madrid: Editorial Hispánica, 1945.

2 Manuel Gahete Jurado, "El 'absoluto marino' en la poesía de Juan Ramón Jiménez," in Diego Martínez Torrón, ed., *Juan Ramón, Alberti: dos poetas líricos*. Kassel, Edition Reichenberger, 2006, 163-179, p. 163.

3 Juan Ramón Jiménez, *Libros de poesía*, Madrid: Ed. Aguilar, 1959, xix.

4 Quoted in Andrés Sánchez Robaya, *La luz negra*. Madrid: Júcar, 1985, p. 46.

5 Michael P. Predmore, "Introduction to the Life and Works of Juan Ramón Jiménez," in *JRJ, Diary of a Newlywed Poet*. Translation by Hugh A, Harter. Cranbury NJ: Susquehanna University Press, 2004, 21-78, p. 36.

6 Juan Ramón Jiménez, *Obra poética*. Madrid: Espasa Calpe, 2005. 4 volumes, totaling 5820 pages.

7 Juan Ramón Jiménez, *Leyenda (1896-1956)*. Madrid: Visor Libros, 2006. 1186 pages.

8 A few of these many recent editions are: Diego Martínez Torrón, ed., Juan Ramón Jiménez, *La muerte* and *Unidad*, both published in Barcelona: Editorial Seix Barral, 1999. José Antonio Expósito Hernández, ed., Juan Ramón Jiménez, *Ellos* and *Libros de amor 1911-12*. Both published in Ourense: Ediciones Lintero SL, in 2006 and 2007. Francisco J. Flores Arroyuelo, ed., Juan Ramón Jiménez, *Poemas: borradores inéditos*. Murcia: Nausicáa, 2006.

TRANSLATORS' NOTE: In this edition, Juan Ramón Jiménez's eccentricities of spelling have been standardized.

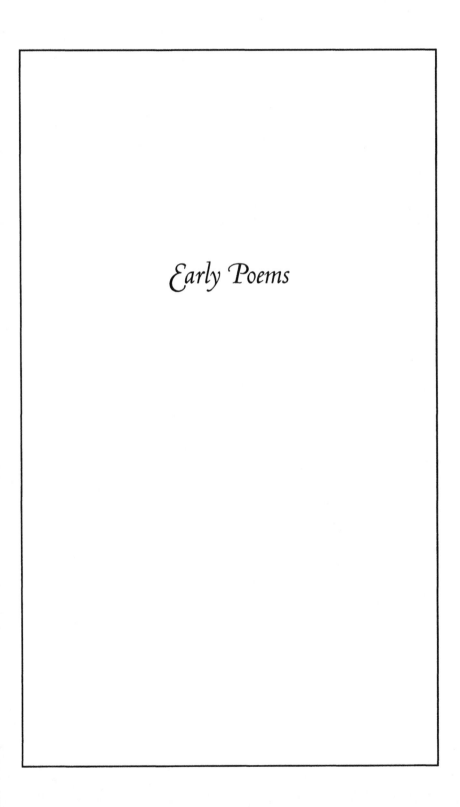

Early Poems

Mar mío

Las olas y las alas del mar bravío
saben corresponderse con igual ritmo.

Con igual ritmo,
mi ala con tu ola suban, mar mío,
bajen, mar mío.

Moguer, 1900

My Sea

The waves and wings of the untamed sea
match their rhythms one to another.

In matched rhythms,
may my wing and your wave flow, my sea,
ebb, my sea.

El mar lejano

La fuente aleja su cantata.
Despiertan todos los caminos . . .
¡Mar de la aurora, mar de plata;
qué limpio estás entre los pinos!
　Viento del sur, ¿vienes sonoro
de soles? Ciegan los caminos . . .
¡Mar de la siesta, mar de oro;
qué alegre estás sobre los pinos!
　Dice el verdón no sé qué cosa . . .
Mi alma se va por los caminos . . .
¡Mar de la tarde, mar de rosa;
qué dulce estás entre los pinos!

The Distant Sea

The fountain's cantata recedes.
All roads awaken. . .
Dawn sea, silver sea,
how pure you seem among the pines!
　Southern wind, are you blustering
with suns? Blinding glare on the roads. . .
Siesta sea, golden sea,
how joyful you look beyond the pines!
　Your green sparkle says I don't know what. . .
My soul wanders along the roads. . .
Sunset sea, rose sea,
how peaceful you seem among the pines!

Mar del sur

En el sopor azul e hirviente de la siesta,
el jardín arde al sol; huele a rosas quemadas.
La mar mece, entre inmóviles guirnaldas de floresta,
una diamantería de olas soleadas.

Cúpulas amarillas, encienden a lo lejos,
en la ciudad atlántica, veladas fantasías;
asaltan, ríen, titilan momentáneos reflejos
de azulejos, de bronces y de cristalerías.

El agua abre sus frescos abanicos de plata
hasta el reposo verde de las calladas hojas,
y en el silencio solitario, una fragata,
blanca y de velas, surge, entre las rocas rojas.

Southern Sea

In the sweltering blue of early afternoon,
the garden blazes in the sun, smelling of charred roses.
Amid still garlands of trees, the sea rocks
sunswept waves sparkling with diamond flashes.

In the distance yellow domes light up,
veiled fantasies in that seaside city;
momentary reflections of tiles, bronzes
and crystal glimmer, laugh, twinkle.

The water unfolds its cool silver fans
against the green repose of silent leaves.
And in the solitary silence, a ship,
white with sails, appears among the red rocks.

¡Ay, dulce coquetería
mujer dormida!

¡Risas, suspiros, sonrisas,
en siete lenguas distintas
a las gracias entrevistas
entre esta y otra vida!

¡Con qué delicia camina
—¡qué segura!– frágil brisa
voluble –mujer dormida—
por las olas imprevistas
de la mar desconocida!

¡Ay, dulce coquetería
entre esta y otra vida,
puente de idas y venidas
entre igualadas orillas,
graciosa mujer dormida!

Ah, what sweet flirtations
sleeping woman!

Laughing, sighing, smiling
in seven different tongues
at graces glimpsed
between this life and another!

How gracefully she walks
—and how confident— fragile
erratic breeze—sleeping woman—
over the unexpected waves
of an unfamiliar sea!

Ah, what sweet flirtations
between this and another life,
bridge leading back and forth
between one shore and another,
lovely sleeping woman!

De África a Andalucía

¡Las golondrinas sobre el mar! ¡Negror de oro
en el azul, a veces, de idílicos estratos!
¡Primavera del agua, fabuloso tesoro
de colores, de anhelos, de luces, de arrebatos!

...Si se cansan, caídas las dos alas, decoran
las jarcias de vacilaciones y murmullos.
No se sabe, en su ¡adiós!, si ríen o si lloran.
Vienen de las caricias y van a los arrullos.

¡Mar del sur en abril, amor; oh golondrinas,
breves noches con alma de auroras trasparentes!
...A la tarde, las brisas se tornan más divinas.
Las golondrinas van en las olas indolentes.

From Africa to Andalusia

Swallows over the sea! Dark gold
here and there, in idyllic layers of blue!
Springtime water, fabulous treasure
of color, longing, light, passion!

...When they tire, wings down, they grace
the rigging with their fluttering and cooing.
It's unclear whether their farewells hold laughter or tears.
Born of caresses, they fly toward lullabies.

Southern sea in April, love, oh swallows,
brief nights with the soul of transparent dawns!
...By afternoon, the breezes are gentler.
The swallows float off on the lazy waves.

agosto.

Ahogada

¡Su desnudez y el mar!
¡Ya están, plenos, lo igual
con lo igual!

La esperaba,
desde siglos, el agua,
para poner su cuerpo
solo, en su trono inmenso.

Y ha sido aquí, en Iberia.
La suave playa céltica
se la dio, cual jugando,
a la ola del verano.

Así va la sonrisa
¡amor! a la alegría.

¡Sabedlo, marineros:
de nuevo es reina Venus!

Woman Drowned

Her nakedness and the sea!
Here they are, fulfilled, one equal
to the other!

This water
had been awaiting her for centuries,
to place her lone body
on its immense throne.

And it was here, in Iberia.
The smooth Celtic beach,
gave her up, as if playing,
to the summer wave.

Just as a smile
—love!—gives way to joy.

Know this, sailors:
Venus reigns again!

(Oberón a Titania)

Mar en calma, la noche plateada
se ofrece, inmensa, a mi amargura;
ruta total de puro azul
para ultraocasos solos de ventura última.

¡Si llegara yo a ti,
nadando en esta luna!

(Oberon to Titania)

Tranquil sea, the silvery night
yields, immense, to my bitterness;
its whole entire path of pure blue
for solitary ultrasunsets of ultimate promise.

If I could only reach you,
swimming on this moon!

Para quererte, al destino
le he puesto mi corazón.
¡Ya no podrás libertarte
——ya no podré libertarme!——
de lo fatal de este amor!
    No lo pienso, no lo sientes;
yo y tú somos ya tú y yo,
como el mar y como el cielo
cielo y mar, sin querer, son.

In order to love you, I've opened
my heart to destiny.
You can no longer break free!
—I can no longer break free!—
from love's fatal grip!
    I don't think it, you don't feel it;
I and you are now you and me,
like the sky and the sea
are just sea and sky, it wasn't planned.

¡Saltaré el mar, por el cielo!
¡Me iré tan lejos, tan lejos,
que no se acuerde mi cuerpo
de tu cuerpo ni mi cuerpo!

¡Alas, alas, alas, alas!
¡A tan alta luz, tan alta,
que no se acuerde mi alma
de tu alma ni mi alma!

¡Alto, lejos; lejos, alto!
¡Solo yo por los espacios,
de mí mismo reencarnado,
y de ti resucitado!

I will leap over the sea, through the sky!
I will go so far, so very far,
that my body won't remember
your body or mine!

Wings, wings, wings, wings!
To a light so high, so very high
that my soul won't remember
your soul or mine!

High and far; far and high!
All alone out in space,
a reincarnation of me,
brought back to life by you!

From
Diario de un poeta recién casado
Diary of a Newlywed Poet
1916

¡Qué cerca ya del alma
lo que está tan inmensamente lejos
de las manos aún!

Como una luz de estrella,
como una voz sin nombre
traída por el sueño, como el paso
de algún corcel remoto
que oímos, anhelantes,
el oído en la tierra;
como el mar en teléfono...

Y se hace la vida
por dentro, con la luz inextinguible
de un día deleitoso
que brilla en otra parte.

¡Oh, qué dulce, qué dulce
verdad sin realidad aún, qué dulce!

How close now to my soul,
what still seems so very far
from my hands!

Like starlight,
like a nameless voice
in a dream, like the hoofbeats of a distant horse
we strain to hear,
one ear pressed close to the ground,
like the sea heard over the phone...

And life grows
within us, with the inextinguishable light
of a delightful day
shining elsewhere.

Oh, how very lovely,
a truth not yet reality, lovely!

Soñando

—¡No, no!
      Y el niño llora y huye
sin irse, un punto, por la senda.
¡En sus manos
lo lleva!
No sabe lo que es, mas va a la aurora
con su joya secreta.
Presentimos que aquello es, infinito,
lo ignorado que el alma nos desvela.
Casi vemos lucir sus dentros de oro
en desnudez egregia...

—¡No, no!
      Y el niño llora y huye
sin irse, un punto, por la senda.

Podría, fuerte, el brazo asirlo...
El corazón, pobre, lo deja.

On the train,
January 21, at dawn

Dreaming

No, no!
        And the boy cries and flees,
without moving, down the path.
He carries it
in his hands!
He doesn't know what it is, but he runs towards the dawn
with his secret jewel.
We guess that his prize is something infinite,
a mystery that the soul reveals to us.
We can almost see its golden core
nakedly gleaming...

No, no!
        And the boy cries and flees,
without moving, down the path.

A strong arm could easily grab him...
The heart, weaker, lets him go.

Los Rosales

Es el mar, en la tierra.
Los colores del sur, al sol de invierno,
tienen las ruidosas variedades
del mar y de las costas...
¡Oh mañana en el mar!—digo, ¡en la tierra
que va ya al mar!

Rosebushes

It is the sea, on the earth.
In the winter sun, those southern colors
contain the noisy tones
of the sea and its shores...
Oh morning on the sea—or rather, on the earth
on its way now to the sea!

Moguer

Moguer. Madre y hermanos.
El nido limpio y cálido...
¡Qué sol y qué descanso
de cementerio blanqueado!

Un momento, el amor se hace lejano.
No existe el mar; el campo
de viñas, rojo y llano,
es el mundo, que el mar adorna sólo, claro
y tenue, como un resplandor vano.

¡Aquí estoy bien clavado!
¡Aquí morir es sano!
¡Éste es el fin ansiado
que huía en el ocaso!

Moguer. ¡Despertar santo!
Moguer. Madre y hermanos.

Moguer

Moguer. Mother and family.
The house clean and warm.
What sunlight, what peace
of a whitewashed cemetery!

For a moment, love fades in the distance.
The sea does not exist; the field of vines, reddish and flat,
is the world that the sea, bright and tenuous,
merely adorns like a meaningless gleam.

I'm so well settled here!
Death here is healthy!
This is the yearned for home
once lost in the sunset!

Moguer. Blessed awakening!
Moguer. Mother and family.

Tarde en ninguna parte
(Mar de adentro)

...¡Este instante
de paz—sombra despierta—,
en que el alma se sume
hasta el nadir del cielo de su esfera!

¡Este instante feliz, sin nueva dicha,
como un lago de oro
rodeado de miserias!
—...Todo lo inunda el alma,
y ella se queda
alta, sola,
fuera—.

¡Este instante infinito—cielo bajo—,
entre una larga y lenta
ola del corazón—despierta sangre—
y una antigua, olvidada
y nuevamente vista estrella!

Afternoon at Nowhere
(Sea Within)

...This moment
of peace—shadow awakened—,
in which the soul sinks
down to the nadir of the sky in its sphere!

This happy moment, without new joy,
like a lake of gold
surrounded by miseries!
—...The soul floods everything
while remaining
high, alone,
apart—.

This infinite instant—low sky—,
between a long slow
wave of the heart—blood awakened—
and an ancient, forgotten
and newly seen star!

¡Dos hermanas!

Cielo azul y naranjas:
  ¡Do Jermaaaana!

...El tren no va hacia el mar, va hacia el verano
verde de oro y blanco.

  Una niña pregona: *"¡Violeeeetaa!"*
Un niño: *"¡Agüiiita frejca!"*

  Yo, en un escalofrío sin salida,
sonrío en mi tristeza y lloro de alegría.

—Dos cables: "Madre, Novia: Moguer, Long—
Island, Flushing: Naufragué, en tierra, en mar de amor".

48

Two Sisters!

Blue sky and oranges:
> *¡Two Sisterssssssss!*

...The train doesn't go toward the sea, it goes toward
the green summer of gold and white.

A girl calls out: *"¡Violeeeetsss!"*
A boy: *"Fresh waaater!"*

I, shivering inescapably,
smile in my sorrow and weep with joy.

Two telegrams: "Mother, Sweetheart: Moguer, Long
Island, Flushing: I'm shipwrecked, on land, in a sea of love."

Tren de todas las tardes,
donde iba yo antes,
cuando en este paisaje
viví, que hoy paso, grave...

—¡Dulce, corto viajar
del pueblo al naranjal,
de la novia al pinar!—

¡Olivos y pinares!
¡Ponientes de oro grande!
¡Qué bien, qué bien estabais!
¡Qué bien, qué bien estáis!

¡Aquí! ¡A ninguna parte
más que aquí!
                    —¡Qué bien!—
                              Cae
hacia el mar ya, inefable
como una mujer, madre
de aquí, hermana, amante
de aquí, la tarde, amor, ¡mi tarde!

To Cádiz
January 28

The afternoon train,
I used to take,
when I lived in this land,
that I pass through today, solemn...

—Sweet, brief journey
from town to the orange grove,
from my beloved to the pine forest!—

Olive trees and pines!
Sunsets of enormous gold!
How fine, how fine you were!
How fine, how fine you are!

Here! Nowhere better
than here!
                    —How fine!
                              It sinks
toward the sea now, ineffable
like a woman, a mother
from here, a sister, a lover
from here, the afternoon, love, my afternoon!

Aun cuando el mar es grande,
como es lo mismo todo,
me parece que estoy ya a tu lado...
Ya sólo el agua nos separa,
el agua que se mueve sin descanso,
¡el agua, sólo, el agua!

Cádiz, on the walls
January 29

Even though the sea is vast,
since it is all the same,
I feel that I'm already beside you...
Now only the water separates us,
the water that ceaselessly moves,
only water, water!

¡Tan finos como son tus brazos,
son más fuertes que el mar!
          Es de juguete
el agua, y tú, amor mío, me la muestras
como una madre a un niño la sonrisa
que conduce a su pecho
inmenso y dulce...

Slender as your arms are,
they are stronger than the sea!
          The water is
a plaything and you, my love, show it to me
like a mother giving her child a smile
that leads to her
immense, sweet breast.

Cielo

Cielo, palabra
del tamaño del mar
que vamos olvidando tras nosotros.

Sky

Sky, word
as grand as the sea
that we forget behind us.

Soledad

En ti estás todo, mar, y sin embargo,
¡qué sin ti estás, qué solo,
qué lejos, siempre, de ti mismo!

Abierto en mil heridas, cada instante,
cual mi frente,
tus olas van, como mis pensamientos,
y vienen, van y vienen,
besándose, apartándose,
en un eterno conocerse,
mar, y desconocerse.

Eres tú, y no lo sabes,
tu corazón te late y no lo sientes...
¡Qué plenitud de soledad, mar solo!

Solitude

You are all within yourself, sea, and yet
how without yourself you are, how alone
and forever distant from yourself!

Each moment, with its thousand open wounds,
like my mind
your waves ebb and flow like my thoughts
come and go, sea,
in an eternal greeting
and farewell.

You are you but you don't know it,
your heart beats and you don't feel it...
What a fullness of solitude, lonely sea!

Monotonía

El mar de olas de zinc y espumas
de cal, nos sitia
con su inmensa desolación.
        Todo está igual —al norte,
al este, al sur, al oeste, cielo y agua—,
gris y duro,
seco y blanco.
        ¡Nunca un bostezo
mayor ha abierto de este modo el mundo!

Las horas son de igual medida
que todo el mar y todo el cielo
gris y blanco, seco y duro;
cada una es un mar, y gris y seco,
y un cielo, y duro y blanco.

  ¡No es posible salir de este castillo
abatido del ánimo!
Hacia cualquiera parte—al oeste,
al sur, al este, al norte—,
un mar de zinc y yeso,
un cielo, igual que el mar, de yeso y zinc,
—ingastables tesoros de tristeza—,
sin naciente ni ocaso...

Monotony

The sea of zinc waves and lime-white
foam confines us
with its immense desolation.
It's all the same—to the north,
east, south, west, sky and water—,
gray and hard,
parched and white.
        Never has a bigger yawn
opened up the world this way!

Each hour is just as vast
as the whole sea, the whole sky
gray and white, dreary and hard,
each hour a sea, gray and parched,
and a sky, hard and white.

It is not possible to leave this
forsaken fortress of the spirit!
In every direction—to the west,
south, east, north—,
a zinc white sea
a sky, just like the sea, of chalky-white zinc
—inexhaustible treasures of sadness—,
with never a sunrise nor a sunset...

A Alejandro Plana

Venus

¡Va a nacer también aquí y ahora! Vedlo. Nácares líquidos. Las sedas, las caricias, las gracias todas, hechas ola de espuma. ¡Ya!... ¡Allí!... ¿No?... ¿Será culpa del fraile?

¡Da ganas de llorar que el barco, ¡el oso este!, pese así, negro y sucio, sobre el agua, esa espalda de ternura! ¡A ver! ¡Que quiten de aquí el barco, que va a nacer Venus!—¿Y dónde lo ponemos? ¿Y dónde lo ponemos?—

¡Apolo, amigo sólo de la diosa, que vas mientras tocan aquí al rosario, con tu ramo grana-blanco en la aurora, de oro al mediodía—, a tu casa del poniente! ¡Apolo, amigo sólo mío; Venus murió sin nacer, por culpa de la Trasatlántica!

To Alejandro Plana

Venus

She'll be born here and now, as we'll see. Liquid pearl. Silks, caresses, every grace, made into foaming wave. Right now! Right there! No? Could it be the friar's fault?

Makes you want to cry that the ship, this bear, should be such a filthy black weight on the water, that backbone of tenderness! Let's see! Get the ship out of here: Venus is about to be born! And where can we put it? Where can we put it?

Hey Apollo, just a friend of the goddess, while we're saying the rosary here, you're off with your branch, scarlet-white at dawn, gold at midday, to your home in the west. Apollo, only my friend now; Venus died without being born, blame it on the ocean liner!

Despertar

—¡Oh voluntad tardía!—
                    No te he visto,
noche, más que tu cabellera.
                    Tu ancha espalda
no pudo congregarse un solo instante;
blanca—como las ruinas de la luna—
quedó rota en mi sueño repetido,
al que tú, tristemente,
volvías, grandes, tus cansados ojos,
para decirme ¡adiós! desde la aurora.

   Ahora que no eres nada
más que cerrada fosa, oscura cáscara
de tu honda y clara sombra, ¡cuán inútil
mi despertar tardío, noche pura!

Awakening

Oh, belated force of will!
                    I didn't see you,
night, except for your hair.
                    Your broad back
didn't come together for a single moment;
white, like the ruins of the moon,
it remained broken in my recurring dream,
toward which you, sadly,
turned your big, weary eyes
to bid me farewell, from the dawn.

Now that you're nothing
more than a sealed grave, a dark shell
of your deep clear shadow, how useless
is my tardy awakening, pure night!

¡Estrellas!

Las estrellas parecen en el mar,
tierra, tierra divina,
islotes de la gloria,
la única tierra y toda
la tierra,
la verdadera tierra única:
¡Estrellas!

¡En el mar sí que lucen
las estrellas!
—*Son más estrellas que en aquella*   *(A otro.)*
tierra que yo creí la tierra,
y atraen más al alma
con su imán blanco,
porque son aquí ella y ellas, ¡todo!
tierra y estrellas.—

¡Estrellas!
¡Ahora voy, ahora voy!
—*¡El mar aquí sí que es camino!—*   *(A otro.)*

Se me abren los ojos, y no ven,
deslumbrados de luz cercana,
estallido infinito de pureza...

Cien voces gritan: ¡Tierra!
Yo, ciego: ¡Estrellas!

Stars!

  The stars look in the sea,
like land, divine land,
islands of glory,
the only land and all
the land,
the only true land:
Stars!

  In the sea the stars
truly shine!
—*They are starrier stars than on that*   *(To another)*
land I thought was the land,
and they draw the soul's attention more
with their white magnet,
because here land and stars are everything,
all there is.—

  Stars!
I'm on my way, on my way!
—*The sea here is truly a road!—*   *(To another)*

  My eyes open up and see nothing,
dazzled by the nearby light,
infinite eruption of purity...

  A hundred voices shout: Land!
I, blinded: Stars!

Cielo

  Se me ha quedado el cielo
en la tierra, con todo lo aprendido,
cantando, allí.
              Por el mar este
he salido a otro cielo, más vacío
e ilimitado como el mar, con otro
nombre que todavía
no es mío como es suyo...
                    Igual, que, cuando
adolescente, entré una tarde
a otras estancias de la casa mía
—tan mía como el mundo—,
y dejé, allá junto al jardín azul y blanco,
mi cuarto de juguetes, solo
como yo, y triste...

Sky

   I've left the sky behind
on land, with all I learned,
singing there.
                Here on this sea
I've emerged to another sky, emptier
and unbounded like the sea, with a different
name, one I still haven't learned
how to say, made mine...
                Just like when, as an
adolescent, I stepped one afternoon
into other rooms in my house
—as much mine as the world—,
and I left, there by the blue and white garden,
my childhood playroom, solitary
as I am, and sad...

Nocturno

¡Oh mar sin olas conocidas,
sin "estaciones" de parada,
agua y luna, no más, noches y noches!

...Me acuerdo de la tierra,
que, ajena, era de uno,
al pasarla en la noche de los trenes,
por los lugares mismos y a las horas
de otros años...

    —¡Madre lejana,
tierra dormida,
de brazos firmes y constantes,
de igual regazo quieto,
—tumba de vida eterna
con el mismo ornamento renovado—;
tierra madre, que siempre
aguardas en tu sola
verdad el mirar triste
de los errantes ojos!—

    ...Me acuerdo de la tierra
—los olivares a la madrugada—
firme frente a la luna
blanca, rosada o amarilla,
esperando retornos y retornos
de los que, sin ser suyos ni sus dueños,
la amaron y la amaron...

Nocturne

Sea of unknown waves
without stations
night after night, nothing but water and moon!

I remember the land
separate from us, yet ours,
that I traveled on the night train,
through the same places and times as
in previous years...

—Distant mother,
sleeping land,
with firm faithful arms,
the same comforting lap
—tomb of eternal life
with the same decorations restored—
mother earth, that always
waits in your solitary truth
for the sad gaze
of wandering eyes!—

...I remember the land
—olive groves at dawn—
standing firm before the white,
rose or yellow moon,
awaiting the return of all those
who, without belonging to it or owning it,
loved it all the same...

Cielos

Un cielo cada día,
cada noche...

Cóncavas manos cazadoras
de la fe de un instante por el mar.

Mas yo, pequeño, escapo, día
tras día, noche
tras noche,
como una mariposa...

February 4

Skies

A sky each day,
each night...

Concave hands that snare
an instant of faith on the sea.

But I, being small, escape, day
after day, night
after night,
like a butterfly...

Los nubarrones tristes
le dan sombras al mar.
     El agua, férrea,
parece un duro campo llano
de minas agotadas,
en un arruinamiento
de ruinas.

¡Nada! La palabra, aquí, encuentra
hoy, para mí, su sitio,
como un cadáver de palabra
que se tendiera en su sepulcro
natural.

  ¡Nada!

The sad storm clouds
cast shadows on the sea.
　　　　The water, steel gray,
looks like a hard flat field
of exhausted mines
in a devastation
of ruins.

Nothing! Today the word
finds its place here for me,
like the cadaver of a word
that lays itself out in its
natural grave.

　　　Nothing!

Sol en el camarote

(Vistiéndome, mientras cantan, en trama fresca, los
canarios de la cubana y del peluquero, a un sol
momentáneo.)

Amor, rosa encendida,
¡bien tardaste en abrirte!
La lucha te sanó,
y ya eres invencible.

Sol y agua anduvieron
luchando en ti, en un triste
trastorno de colores...
¡Oh días imposibles!
Nada era, más que instantes,
lo que era siempre. Libre,
estaba presa el alma.
—A veces, el arco iris
lucía brevemente
cual un preludio insigne... —

Mas tu capullo, rosa,
dudaba más. Tuviste
como convalecencias
de males infantiles.
Pétalos amarillos
dabas en tu difícil
florecer... ¡Río inútil,
dolor, cómo corriste!

Sun in the stateroom

(Getting dressed, while the barber's and the Cuban
lady's canaries sing to a momentary ray of sunlight,
in a brazen duet.)

Love, blazing rose,
you took your time opening!
The effort made you strong
and now you are invincible.

Sun and water struggled
within you, in a sad
disruption of colors...
Oh impossible days!
Except for a few instants, nothing
was what it had been. Free,
the soul was a prisoner.
—At times, the rainbow
would shine briefly
like a famous prelude...—

But, rose, your bud had
more doubts. As though you
were convalescing from
childhood illnesses.
Your difficult flowering
produced yellow
petals... Useless painful
river, how you flowed!

Hoy, amor, frente a frente
del sol, con él compites,
y no hay fulgor que copie
tu lucimiento virgen.
¡Amor, juventud sola!
¡Amor, fuerza en su origen!
¡Amor, mano dispuesta
a todo alzar difícil!
¡Amor, mirar abierto,
voluntad indecible!

Today, love, face to face
with the sun, you compete with it,
and there is no brilliance that copies
your virgin radiance.
Love, youth alone!
Love, power at its source!
Love, a willing hand
for any difficult task!
Love, eyes wide open,
indescribable will!

5 de febrero, nublándose

Menos

¡Todo es menos! El mar
de mi imaginación era el mar grande;
el amor de mi alma sola y fuerte
era sólo el amor.
                    Más fuera estoy
de todo, estando más adentro
de todo. ¡Yo era solo, yo era solo
—¡oh mar, oh amor!—lo más!

February 5, clouding over

Less

Everything is less! The sea
of my imagination was the open sea;
the love of my strong solitary soul
was only love.
                    The more within
everything I am, the more outside of it all
I am. I was alone, on my own
—oh sea, oh love!—as alone as could be!

Mar

¡Sólo un punto!
　　　Sí, mar, ¡quién fuera,
cual tú, diverso cada instante,
coronado de cielos en su olvido;
mar fuerte—¡sin caídas—,
mar sereno
—de frío corazón con alma eterna—,
¡mar, obstinada imagen del presente!

Sea

Just one point!
　　　Yes, sea, one would wish to be
like you, able to forget,
as you change constantly, crowned by skies;
strong sea—never diminishing—,
calm sea
—cold hearted, with an eternal soul—
sea, unyielding image of the present!

Mar

Parece, mar, que luchas
—¡oh desorden sin fin, hierro incesante!—
por encontrarte o porque yo te encuentre.
¡Qué inmenso demostrarte,
en tu desnudez sola
—sin compañera... o sin compañero
según te diga el mar o la mar—, creando
el espectáculo completo
de nuestro mundo de hoy!
Estás, como en un parto,
dándote a luz—¡con qué fatiga!—
a ti mismo, ¡mar único!,
a ti mismo, a ti sólo y en tu misma
y sola plenitud de plenitudes,
...¡por encontrarte o porque yo te encuentre!

February 5

Sea

It seems, sea, that you struggle
—oh endless disorder, incessant iron!—
to find yourself or that I may find you.
How incredible that you should show yourself
in all your naked solitude
—without ever a companion
neither a he nor a she—projecting
such an image of our
entire world today!
You are as if in childbirth
—with so much effort!—
of yourself, matchless sea,
of yourself, just yourself, in your own
solitary abundance of abundances
...to find yourself or that I may find you!

Sensaciones desagradables

...¿Quién me ha echado tiza en los ojos? Mar y cielo se me funden en un solo blanco crudo. No sé si al norte, si al sur, si al este, si al oeste, un agujero naranja. ¡Qué dolor aquí en mis ojos! ¡Ay! ¿Herida, grito, el sol... o qué?

Frío en los pies, de pronto. ¡Las mantas! ¡Las mantas! Si parece que han encerrado el mar en una botella de Mondáriz... ¡Eclipse! ¡Eclipse! Todos, las mujeres, los niños, los hombres, miran el sol por las gafas negras, por las gafas naranjas, por las gafas verdes del fraile de las barbas azules, susto de Venus la otra tarde.

¡Otra vez las cadenas! ¡Las cuatro y media siempre! ¿En dónde? Aún se filtra por las maderas el amarillo de la luz eléctrica, con el verde del relámpago. Cucarachas sin miedo. Y la lluvia. Y el baldeo a un pie de mi cabeza. Y el trueno, como una ola, como un baldeo del cielo...

Un poquito de mar verdeuva, al lado del barco. El horizonte en la mano, digo, en el pie—¿Terranova?—Niebla hasta el alma. La sirena, cada minuto, en el horario del tedio. ¡Qué frío en la nariz, en las orejas, en el pensamiento! Cosas inminentes y grandes pasan y pasan, como vagos monstruos, muy cerca, ¡y qué lejos!

Dos moles, sólo: la tormenta y el barco, frente a frente en la sombra del agua total—mar y lluvia—. ¿Dos tormentas? ¿Dos barcos?

Unpleasant Sensations

Who's thrown chalk in my eyes? Sea and sky are blurred into a single glaring whiteness. With an orange spot opening to the north or the south or the east or the west, I can't tell which. What pain here in my eyes! Ow! Wound, shout, sun, . . .or what?

Cold in my feet, suddenly. Blankets! Blankets! Why, it looks like they've bottled up the sea as mineral water. . .Eclipse! Eclipse! Everyone —women, children, men— stares at the sun through dark glasses, through orange glasses, through the green glasses of the blue-bearded friar, who startled Venus the other day.

Those chains again! Always four thirty! Where? The yellow of the electric light and the green of the lightning flash still filter through the slats. Fearless cockroaches. And the rain. And a bucketful landing a foot from my head. And the thunder, like a wave, like a bucketful from the sky. . .

A bit of grape green sea beside the ship. The horizon in hand, or rather, in foot.—Newfoundland?— Fog all the way to my soul. The foghorn every minute, on its tedious schedule. Such cold in my nose, ears, thoughts! Immense looming shapes parade by, like hazy monsters, very close, yet so far!

Only two hulks: the storm and the ship, facing each other in the shadow of the boundless water—sea and rain—. Two storms? Two ships?

Cielo

Te tenía olvidado,
cielo, y no eras
más que un vago existir de luz,
visto—sin nombre—
por mis cansados ojos indolentes.
Y aparecías, entre las palabras
perezosas y desesperanzadas del viajero,
como en breves lagunas repetidas
de un paisaje de agua visto en sueños...
Hoy te he mirado lentamente,
y te has ido elevando hasta tu nombre.

February 7

Sky

I had forgotten you,
sky, and you were nothing
more than a vague presence of light,
seen without name,
by my weary, lazy eyes.
And you appeared, among the idle
discouraged words of a traveler,
as in a series of tiny lagoons
in a watery landscape seen in dreams...

Today I've gazed at you slowly,
and you've been rising as high as your name.

¡No!

El mar dice un momento
que sí, pasando yo.
                    Y al punto,
que no, cien veces, mil
veces hasta el más lúgubre infinito.

No, ¡no!, ¡¡no!!, ¡¡¡no!!!, cada vez más
fuerte, con la noche...
                    Se van uniendo
las negaciones suyas, como olas,
—¡no, no, no, no, no, no, no, no, no, no!—
y, pasado, todo él, allá hacia el este,
es un inmenso, negro, duro y frío
¡no!

February 7

No!

The sea says yes
for a moment, as I pass by.
                                And then,
a second later: no, a hundred times,
a thousand times, to the most lugubrious infinity.

No, no! No!! No!!! Each time
louder, with the night...
                                The no's, like waves,
overlap each other,
"No, no, no, no, no, no, no, no, no, no!"
and on the other side, there toward the east,
is an immense, black, hard and cold
No!

Hastío

Un ejército gris de ciegas horas
nos cerca
—cual olas, como nubes—,
en la tristeza que nos traen ellas.

¿En dónde hemos entrado?
¿Qué nos quiere esta reina?
No sé por qué nos lloran,
no sé a dónde nos llevan.

—...Y siempre son las mismas
y de manera idéntica—.

Su desnudez es tanta,
que ya no es. Semejan
a la desesperanza muerta en tedio,
que nada da y nada espera.

¡Ni las matamos, ni nos matan!
...Y crecen sin cesar, yo no sé a qué,
sin nada que mirar y ciegas...

Tedium

A gray army of blind hours
besieges us
—like waves, like clouds—
in the sadness that they bring us.

What have we gotten into?
What does this queen wish for us?
I don't know why they're crying over us,
I don't know where they're taking us.

—And they're always the same,
identical in their ways.—

Their nakedness is so great
that it no longer exists. They're like
despair that died of tedium,
that gives nothing and awaits nothing.

We can't kill them, nor can they kill us!
...And their numbers grow constantly, I don't know why,
with nothing to look at, and blind...

¡Qué peso aquí en el corazón inquieto
—peso de mar o tierra—,
de arriba y de debajo!

¿Qué corazón, en el que esté yo vivo,
estarán enterrando o ahogando?

¡Qué peso aquí en el corazón inmenso
como el cielo y el mar;
qué angustia, qué agonia;
oh, qué peso hondo y alto!

What a burden here in my anxious heart
—burden of sea or land—,
from above and below!

What heart, in which I'm still living,
could they be burying or drowning?

What a burden here in my heart,
immense like the sky and the sea;
what anguish, what agony;
oh, what a deep high burden!

A Luis Bello

Fiesta natural

Después de estos días de lluvia—agua total, amarga y dulce, como el amor, en solución de continuidad—, este día de brisa libre, sol seco sobre la ola y mar de bajo azul, parece un domingo de tierra, un domingo de isla, mejor dicho, sin gente y sin identificación.

Es el día como el alma ignorada y sin nombre—borrado ni entrevisto—de un domingo de antes del domingo; como si hoy hubiésemos descubierto—por estos parajes desconocidos en su mudanza inquieta—, inventado, nombrado el domingo.

Sin embargo, el calendario de la sala, cromo aburrido entre la biblioteca —Pereda, Balaguer, Valera en pasta con anclas—y el piano—Delibes, Arbós, Puccini, con firma de Mulata—, dice tras el humo lento y solitario que un fumar que se fue con su hastío a otro sitio, dejó en el rayo de sol que enciende la alfombra verde: MARTES.

Retórica académica y trasatlántica! La semana hecha me parece hoy una quintilla. Baile aprendido, escalera de farolero para el cielo del crepúsculo segundo. ¡Al agua el calendario, el periódico radiotelegráfico y el cura! ¡Yo y lo natural ¡Domingo, capitán, domingo!

—¡Bueno!...

February 8

To Luis Bello

Nature's Celebration

After all these days of rain—all water, bitter and sweet like love, an inter-
ruption—, this day of free breezes, dry sun on the wave, of dark blue sea,
it feels like a mainland Sunday, an island Sunday, without people and with-
out identity.

It's a day like the soul unknown and nameless—erased, not even
glimpsed—of a Sunday before a Sunday; as if we'd only today —in these
unknown places in its restless roaming—discovered it, invented it, named it
Sunday.

Nevertheless, the living room calendar, a boring illustration, hung
between the bookshelf—Pereda, Balaguer, Valera in bindings— and the
piano—Delibes, Arbós, Puccini, a Mulata autograph—, behind the haze
left by a smoker who wandered off in boredom to another place, in the
shaft of sunlight that brightens the green rug, says: TUESDAY.

Such academic and transatlantic rhetoric! The week just gone by now
seems to me like a jingle. A dance learned, a lamplighter's ladder toward the
sky of a second sunset. Toss that calendar into the water, and the shipboard
newspaper and the priest as well! I'll go for the natural! Sunday, captain,
Sunday!

"Great!"

Argamasilla del mar

Sí. La Mancha, de agua.
Desierto de ficciones líquidas.
Sí. La Mancha, aburrida, tonta.

—Mudo, tras Sancho triste,
negros sobre el poniente rojo, en que aún llueve,
Don Quijote se va, con el sol último,
a su aldea, despacio, hambriento,
por las eras de ocaso—.

¡Oh mar, azogue sin cristal;
mar, espejo picado de la nada!

Argamasilla-on-the-Sea

Yes. A watery La Mancha.
Desert of liquid fictions.
Yes. La Mancha, boring, silly.

Mute, behind a sad Sancho,
black figures against the red setting sun, rain still falling,
Don Quixote leaves, with the last light,
for his village, slowly, hungry,
past the threshing floors at sunset.

Oh sea, quicksilver without glass;
sea, mirror pocked by nothingness.

¡Estela verde y blanca,
memoria de la mar!

February 9

Green and white ship's wake,
memory of the sea.

10 de febrero

Mar llano. Cielo liso.
—No parece un día...
—¡Ni falta que hace!

February 10

Calm sea. Smooth sky.
"It doesn't look like a day..."
"It doesn't have to!"

¿No ves el mar? Parece, anocheciendo,
—acuarela de lluvia,
con—agua dulce—suaves verdes, amarillos, rosas—,
un tierno, un vago pensamiento mío
sobre el mar...

February 10

Don't you see the sea? As night falls, it looks like
—a watercolor of rain,
with—fresh water—soft greens, yellows, roses—,
a tender, vague thought of mine
about the sea. . .

Niño en el mar

El mar que ruge, iluminado un punto
en su loco desorden,
por el verde relámpago violento,
me trastorna.

El niño que habla, dulce
y tranquilo, a mi lado,
en la luz de la lámpara suave
que, en el silencio temoroso
del barco, es como una isla;
el niño que pregunta y que sonríe,
arrebatadas sus mejillas frescas,
todo cariño y paz sus ojos negros
me serena.

¡Oh corazón pequeño y puro,
mayor que el mar, más fuerte
en tu leve latir que el mar sin fondo,
de hierro, frío, sombra y grito!
¡Oh mar, mar verdadero;
por ti es por donde voy—¡gracias, alma!—
al amor!

Child at Sea

   The sea that roars, illuminated for a moment
in its mad disorder,
by a violent green lightning flash
that makes me frantic.

   The child who speaks,
gentle and composed at my side,
in the soft light of the lamp
that, in the ship's uneasy
silence, is like an island;
that child who questions and smiles,
rosy cheeks glowing,
his black eyes full of affection and peace,
reassures me.

   Oh young pure heart
greater than the sea, stronger
in your soft throbbing than the bottomless sea
of steel, cold, shadow and cries!
Oh sea, true sea,
I'm headed across you—thank you, soul!—
toward love!

Fin de tormenta
(En el puente)

Aun, entre el mar y el cielo,
por la aurora,
se arrolla la tormenta, lejos, baja,
como una serpiente
que se va...

El barco se alza y se apresura,
bajo el cielo más alto
que vivas rosas ornan
con la luz y el color de adonde vamos
a llegar, firmemente...

Sueño despierto y dulce...

Storm's End
(On the Bridge)

Lingering between the sea and the sky,
at daybreak,
the storm sweeps along, far off,
low down like a serpent
moving away...

The boat rises and hurries
under the higher sky,
that bright roses adorn
with the light and color of our
destination, firmly...

Sweet waking dream...

A Joaquín Sorolla

Llegada Ideal

...De pronto, se abre la tarde, abanico de oro, como una gran ilusión real. ¡Qué bienestar nos entra, qué dulzura! Parece que lo estuviera viendo Turner con nosotros... Gaviotas que no hemos sentido venir, que, sin duda, estaban ya, vuelan arriba, en el gallardete de los palos, ¡qué lejos del cielo y qué altas de nosotros! El cielo se alza, se va, desaparece, no tiene ya nombre, no es ya cielo sino gloria, gloria tranquila, de ópalo solamente, sin llegar al amarillo. Se riza el mar en una forma nueva, y parece que, al tiempo que, más fluido, se levanta el cielo, él se baja, se baja, más líquido. En la onda vienen maderos, barricas. Dejamos atrás unas barquitas pescadoras... ¿Llegamos?

El sol poniente tiñe de rosa, con un nostálgico rayo caído, la borda de babor. ¡Qué alegre el rojo, encendido con el rosa, de los salvavidas; qué dulce el blanco, encendido con la rosa, de la borda; el negro de esa negra, el aceituna de ese japonés; cuán bellos todos los ojos, todos los cabellos, todas las bocas con sol poniente! ¡Qué hermanos todos—negros, blancos y amarillos—, en la alegría! Escucho, con gusto, la charla melancólica de este señor que toma opio. Le respondo a este comisionista, a quien no he hablado en todo el viaje. Resisto el humo del puro del fraile... Las imaginaciones se ponen en los rostros, encendidas. Se canta, se corre, no se quiere bajar para comer, se saca el rostro contra el fresco tibio que viene de la tierra nueva.—A estribor, bajo en la sombra, pasean, con nuestra esperanza, los que no cantan, los que no sueñan, los que no aman.—

El momento parece una canción levantada de un sueño, y nosotros sus héroes. Sí, somos la verdad, la belleza, la estrofa eterna que perdura, cogida con la rima, en el centro más bello y entrevisto de una poesía eterna que conocemos siempre, y que siempre estamos esperando, nueva, conocer —¿el segundo cuarteto de un puro soneto marino?—. ¿Dónde estamos? ¿De qué tiempo somos? ¿De qué novela hemos salido? ¿Somos una estampa? ¿Llegamos?

...Pero la estampa cae y se apaga. ¡Nunca una tarde se ha apagado tanto! El cielo baja de nuevo y el mar sube, y nos dejan tan pequeños como el día. Otra vez la angustia por horario, la niebla, la nariz fría, el poco trecho, el

To Joaquín Sorolla.

Ideal Arrival

Suddenly, the afternoon opens out, like a golden fan, a great royal illusion. What a sense of wellbeing fills us, what happiness! You'd think Turner were seeing it with us... Seagulls whose arrival we didn't notice, that no doubt were here already, fly overhead, in the flags waving from the masts, how far from the sky and how high above us! The sky rises up, moves away, disappears, no longer has a name, is no longer sky but glory, calm glory, altogether opal, not quite yellow. The sea ripples in a new way and seems, while ever more fluid, as the sky rises as the sea sinks lower and lower, ever more liquid. Barrels and timbers float on the tide. We leave behind some little fishing boats... Are we arriving?

The setting sun tints the port-side railing rose with a nostalgic ray of light. How joyous the red is, fused with the rose, on the life vests; how soft the white, fused with the rose, on the handrail; the blackness of that black woman, the olive tint of that Japanese: how beautiful all their eyes are, everyone's hair, all their mouths in the sunset! What brothers they all are— Blacks, Whites, Asians— in their happiness! I listen eagerly to the melancholy voice of the man who smokes opium. I answer this man who works on commission, although I haven't spoken to him during the entire voyage. I avoid the smoke of the friar's cigar... Their faces, glowing in the sunset, reflect their imaginations. There is singing, running about, no one wants to go down to eat, people turn their faces toward the warm fresh breeze that comes from the new land. Toward starboard, below in the shadows, those who do not sing or dream or love pace back and forth.

The moment seems like a song lifted out of a dream, in which we are heroes. Yes, we are truth, beauty, the eternal strophe that endures, captured in rhyme, in the most beautiful glimpsed center of an eternal poem we always recognize, and are always expecting to encounter anew—the second quatrain of a pure marine sonnet?— Where are we? What time do we live in? From what novel have we emerged? Are we a picture? Are we arriving?

But the picture fades and is extinguished. Never has an afternoon been so extinguished! The sky lowers again and the sea rises, and they leave us

menos. Los que nos hablamos hace un instante, nos despegamos los silencios. Me paseo solo a babor enlonado y chorreante. Volvemos a no llegar nunca, a empujar las horas con la imaginación, navegando a un tiempo, en dos barcos, a maldecir del mar igual, aburrido, soso, el eterno mármol negro veteado de blanco, ¡sí mármol!, a un lado y otro del barco pesadote, del oso este maloliente... El papel se me cae... Ya no sé escribir...

as small as the day. Again, anxious attention to the schedule, fog, cold noses, the short distance, the little time left. Those of us who were conversing a minute ago, unfurl our silences now. I stroll alone along under the dripping canvas of the portside deck. Again, we feel we'll never arrive, shove the hours ahead with our imaginations, sailing in one time in two ships, curse the smooth, boring, insipid sea, the eternal black marble veined with white—yes, marble!—on one side and the other of the heavy ship, this great smelly bear...The page slips from my hand...I no longer know how to write...

Sí!

   Delante, en el ocaso, el sí infinito
al que nunca se llega.
         —Síííí!
               Y la luz,
incolora,
se agudiza, llamándome...

   No era del mar... Llegados
a las bocas de luz que lo decían
con largor infinito,
vibra, otra vez, inmensamente débil
   —¡síííí!—,

en un lejos que el alma sabe alto
y quiere creer lejos, sólo lejos...

Yes!

Up ahead, in the twilight, the endless yes
that never can be reached.
                    "Yessss!"
                              And the light,
colorless,
intensified, calling me...

It wasn't from the sea... Reaching
the mouths of light that spoke it
infinitely drawn-out,
it vibrates, yet again, immensely faint
"Yessss!"
in a distance that the soul knows is high
and wants to believe is distant, only distant.

Te deshojé, como una rosa,
para verte tu alma,
y no la vi.
    Mas todo en torno
—horizontes de tierras y de mares—,
todo, hasta el infinito,
se colmó de una esencia
inmensa y viva.

I plucked off petal after petal, as if you were a rose
in order to see your soul
but I didn't see it.
        While all around
—horizons of fields and seas—
everything, all the way to infinity,
was filled with an essence,
immense and alive.

Golfo

La nube—blanco cúmulo—recoge
el sol que no se ve, blanca.

Abajo, en sombra, acariciando
el pie desnudo de las rocas,
el mar, remanso añil.
            Y yo.

Es el fin visto,
y es la nada de antes.
Estoy en todo, y nada es todavía
sino el puerto del sueño.

La nube—blanco cúmulo—recoge
el sol que no se ve, rosa.

            A donde quiera
que llegue, desde aquí, será a aquí mismo.

Estoy ya en el centro
en donde lo que viene y lo que va
unen desilusiones
de llegada y partida.

La nube—blanco cúmulo—recoge
el sol que no se ve, roja...

Gulf

The cloud—white cumulus—absorbs
the unseen sun into its white.

Below, in the shade, caressing
the naked foot of the rocks,
the sea, deep blue pool.
                    And I.

It is the foreseen end
and the nothing before.
I am in everything, and nothing is still
just the port of my dreams.

The cloud—white cumulus—absorbs
the unseen sun into its rose.

Wherever
I go from here, it will be here I arrive.

I am already at the center
where all that comes and all that goes
unite the illusions
of arrival and departure.

The cloud—white cumulus—absorbs
the unseen sun into its red...

Sueño en el tren

... no, en el lecho

La noche era un largo y firme muelle negro. El mar era el sueño y lleva-
ba a la vida eterna.

Desde las costas que dejábamos—inmensas y onduladas praderas con
luna—, la gente toda del mundo, vestida de blanco y soñolienta, nos
despedía con un rumor inmenso y entrecortado. Sí, sí. ¡Hurrah al caballo
vencedor! Y se agitaban—New London— los pañuelos blancos, los som-
breros de paja, las sombrillas verdes, moradas, canelas...

Yo iba de pie en la proa—¡desde esta tribuna se ve divinamente!—que
ascendía, aguda, hasta las estrellas y bajaba, honda, hasta el fondo de la som-
bra—¡buen caballo negro!—, abrazado estrechamente a... ¿a quién? No...A
nadie... Pero... era alguien que me esperaba en la estación y me abrazaba
riendo, riendo, riendo, mujer primavera...

Dreaming on the train
...no, in my berth

The night was a long, firm black pier. The sea was the dream and led to eternal life. Along the coasts we were leaving—immense undulating moonlit prairies—the crowds of the world, dressed in white and sleepy, waved goodbye to us with an immense emotion-filled clamor. Yes, yes. Hurrah for the winning horse! And white kerchiefs waving (New London), and straw hats, and green, purple and cinnamon parasols...

I was standing in the prow—from up there one can see divinely well!—that ascended sharply to the stars and plunged deep into the bottom of the shadow—fine black horse!—tightly embracing...whom? No...no one...But...there was someone waiting at the station for me who embraced me laughing, laughing and laughing, springtime woman...

New York
26 de marzo

Orillas del sueño

Cada noche, antes de dormirme, pueblo de aspectos deleitosos, tomados de la mejor realidad, las orillas del río de mi imaginación, para que su encauzado sueño las refleje, las complique y se las lleve al infinito, como un agua corriente. Sí, ¡qué anhelo de no derramar en la aurora torvas aguas luctuosas de pesadillas de la ciudad comercial, de la octava avenida, del barrio chino, del elevado o del subterráneo; de aclarar, como a un viento puro de otras partes, su carmín humoso y seco, con la brillante transparencia de un corazón puro, libre y fuerte! ¡Qué ganas de sonreír en sueños, de ir, alegremente, por estos trozos negros de camino oscuro de la noche, que van alternando con los de luz, del día, a la muerte—ensayos breves de ella—; de tener blanca, azul y rosa la vida que no está bajo la luz y el poder de la conciencia; de no ir por el subsuelo de la noche en tren una vez más, ni tan aprisa, sino en veneros de diamante, ¡y lentamente!

On the Shores of Sleep

Every night before going to sleep, I fill the riverbanks of my imagination with pleasurable qualities taken from the best of reality, so that its channeled dream reflects, intertwines, and carries them to infinity, like flowing water. Yes, how eager I am not to spill into the dawn any of the grim squalid nightmarish waters of this commercial city, of 8th Avenue, Chinatown, the El or the subway; I yearn to cleanse, like a pure wind from some other place, its smoky dry carmine, with the brillant transparency of a pure, free, strong heart! How I long to smile in dreams, to move joyfully along these black stretches of night's dark road interrupted by patches of light, of day, toward death—brief glimpses of it—; to see life as blue, rose and white, not under the light and power of consciousness, but to travel through a diamond mine, slowly, rather than to speed in a train, through this underground of night!

Humo y oro

a Enrique y Amparo Granados

¡Tanto mar con luna amarilla
entre los dos, España!—y tanto mar, mañana,
con sol del alba...—
                              ...Parten,
entre la madrugada, barcos vagos,
cuyas sirenas tristes, cual desnudas,
oigo, despierto, despedirse
—la luna solitaria
se muere, rota ¡oh Poe! sobre Broadway—,
oigo despierto, con la frente
en los cristales yertos; oigo
despedirse una vez y otra, entre el sueño
—a la aurora no queda más que un hueco
de fría luz en donde hoy estaba
la negra mole ardiente—,
entre el sueño de tantos como duermen
en su definitiva vida viva
y al lado
de su definitiva vida muerta...

    ¡Qué lejos, oh qué lejos
de ti y de mí y de todo, en esto
—los olivares de la madrugada–,
al oír la palabra alerta —¡muerte!—
dentro de la armonía de mi alma
—mar inmenso de duelo o de alegría—,
a la luz amarilla
de esta luna poniente y sola, España!

New York, from my 11th St. window
March 27, before daybreak, with a yellow moon

Smoke and Gold

to Enrique and Amparo Granados

So much sea between us, Spain
in the yellow moonlight! And so much sea, tomorrow,
with the dawning sun....
     ...Hazy ships
sail at daybreak,
their mournful sirens blaring nakedly.
Awake, I hear their farewells,
—the solitary moon
dying, broken. Oh Poe! over Broadway—
awake I hear them, with my forehead
pressed against the hard windowpanes; I hear
them say goodbye repeatedly, amidst slumber
—as dawn approaches, all that remains
of today's fiery black hulk is a pocket of cold light—
amidst the slumber of those who sleep
away their definitely living lives
beside
the part which had died...

How far, how far
from you and me, from everything, right now
—the olive groves at dawn—
as I hear the vigilant word—death—
within the harmony of my soul
—immense sea of grief or joy—
by the yellow light
of this lonely setting moon, Spain!

New York
4 de abril

Pesadilla de olores

¡No! ¡No era el mar!... Pero, ¡qué angustia! ¡Agua, flores, flores, aire —¿de dónde?—, Colonia! ¡Qué sueño envenenado y difícil! ¡Qué ahogo imposible y sin fin!

...Unas veces es olor a gallinero—¡oh angustiosa comida de nido del Barrio chino! —; otras, a literatura judía—¡oh actriz suicida!—; otras, a grasa de todas las latitudes... Es como si en un trust de malos olores, todos estos pobres que aquí viven—chinos, irlandeses, judíos, negros—, juntasen en su sueño miserable sus pesadillas de hambre, harapo y desprecio, y ese sueño tomara vida y fuera verdugo de esta ciudad mejor. Sí, es seguro que en la noche de New York, un gran envenenador—el sueño extraviado de los miserables—¡aquella cola del pan, en la lluvia de la una de la noche!—tiene comprado el sueño ¿buscador? de la policía. ¡Y ya pueden sonar, ligeros de ropa, los timbres de alarma de la desvelada primavera!

New York

April 4

Nightmare of Odors

No! It wasn't the sea!...But what anxiety! Water, flowers, flowers, a breeze—from where?—Cologne! What a poisoned snarly dream! What impossible endless suffocation!

Sometimes it smells like a chicken coop—oh horrid bird's-nest dish in Chinatown!—at other times, of Jewish literature—oh suicidal actress!—other times, of grease from every latitude... It's like a fusion of foul odors, as if all these poor people who live here—Chinese, Irish, Jewish, Black—, stirred into one wretched dream all their nightmares of hunger, rags and contempt, and that dream came to life as the executioner of any better city. Yes, surely in the New York night a great poisoner—the lost dream of the poor—that crust of bread, in the rain at one AM!—has bribed police vigilance into sleep. And now the blaring alarms of this sleepless springtime can sound, scantily clothed!

Nocturno

A Antonio Machado

...Es la celeste geometría
de un astrónomo viejo
sobre la ciudad alta—torres
negras, finas, pequeñas, fin de aquello...—

Como si, de un mirador último,
lo estuviera mirando
el astrólogo.

Signos
exactos—fuegos y colores—
con su secreto bajo y desprendido
en diáfana atmósfera
de azul y honda transparencia.

¡Qué brillos, qué amenazas,
qué fijezas, qué augurios,
en la inminencia cierta
de la extraña verdad! ¡Anatomía
del cielo, con la ciencia
de la función en sí y para nosotros!

—Un grito agudo, inmenso y solo,
como una estrella errante—,
                    ...¡Cuán lejanos
ya de aquellos nosotros,
de aquella primavera de ayer tarde
—en Washington Square, tranquila y dulce—,
de aquellos sueños y de aquel amor!

Nocturne

To Antonio Machado

...It is the celestial geometry
of an old astronomer
above the high city—black towers,
slender, small, the end of all that...—

As if, from the farthest watchtower,
the astrologer were
watching it all.

Exact signs,
fires and colors,
with their hidden, detached secret
in the diaphanous atmosphere
of deep blue transparency.

What brightness, what threats,
how fixed they are, what omens,
in the certain imminence
of strange truth! Anatomy
of the sky, with knowledge
of its function, in itself and for us!

A sharp cry, lonely, immense,
like a shooting star.
                    ...How far
we are from those selves of ours,
from that spring afternoon yesterday
in Washington Square, peaceful and calm,
from those dreams and from that love!

Marina de Alcoba

Estampa anticuada

La ilusión, gaviota,
se posa aquí y allá.
No la vemos, llegando,
donde cerró el volar.
La isla estaba desierta,
sin luz primaveral
mayo, el amor volvía
los ojos hacia atrás...
                    Vida: ¡mar!

—Se mueve, alegre, el lecho
como un barco. La mar
tiembla, toda amarilla
de sol —en el cristal
que, entre las rosas, coge
su irse—, con el afán
de ser surcada. Ardiendo,
dicen las olas: ¡Más!
                    Vida: ¡mar!—

De pie en el alma mía,
nunca se pararán
mis ojos en la vida
firme. En inmenso par,
latirán el mar único
y mi corazón. ¡Más!
dicen las olas; dice
¡Más! ¡¡Más!! mi voluntad.
                    Vida: ¡mar!

Bedroom Seascape

Old engraving

Hope, a seagull,
alights here and there.
We don't see it, arriving,
where it halted its flight.
The island was deserted
without the springtime light
of May, love turned its
eyes toward the past...
                    Life: sea!

The bed moves joyously
like a boat. The sea,
burnished by the sun
trembles as it recedes
—in the glass pane behind the roses—
eager to be sailed through.
Blazing,
the waves say: "More!"
                    Life: sea!

Standing in my soul,
my eyes will never fix
on the solid ground of
life. In profound balance,
the unique sea and my heart
will beat in unison. "More!"
say the waves. My desire
says "More! More!"
                    Life: sea!

Víspera

Ya, en el sol rojo y ópalo del muelle,
entre el viento lloroso de esta tarde
caliente y fresca de entretiempo,
el barco, negro, espera.

—Aún, esta noche, tornaremos
a lo que ya casi no es nada
—a donde todo va a quedarse
sin nosotros—,
infieles a lo nuestro.
Y el barco, negro, espera.—

Decimos: ¡Ya está todo!
Y los ojos se vuelven, tristemente,
buscando no sé qué, que no está con nosotros,
algo que no hemos visto
y que no ha sido nuestro,
¡pero que es nuestro porque pudo serlo!

¡Adiós! ¡Adiós! ¡Adiós! a todas partes, aun sin irnos
¡y sin querernos ir y casi yéndonos!

...Todo se queda con su vida,
que ya se queda sin la nuestra.
¡Adiós, desde mañana—y ya sin casa—
a ti, y en ti, ignorada tú, a mí mismo,
a ti, que no llegaste a mí, aun cuando corriste,
y a quien no llegué yo, aunque fui de prisa
—¡qué triste espacio en medio!—

...Y lloramos, sentados y sin irnos,
y lloramos, ya lejos, con los ojos mares
contra el viento y el sol, que luchan, locos.

On the Eve

Already at the pier, in the red and opal sun,
in the afternoon's weeping wind,
in the warmth and chill of changing seasons,
the black ship waits.

Tonight we'll yet turn back
to the little that remains
—to where everything will soon be
left behind without us—
disloyal to what is ours.
And the black ship waits.

We say: Everything's ready!
Our eyes turn back sadly
looking for who knows what, that is no longer with us,
something we haven't seen
and that hasn't been ours,
but is ours because it might have been!

Goodbye! Goodbye! Goodbye! All around,
even though we're still not leaving,
reluctant to go, we are almost gone!

Everything stays behind with its life,
staying behind without ours.
Goodbye from tomorrow on—we're homeless now—
to you, and in you, unknown woman, to myself,
to you, who never reached me, even when you ran,
and whom I never reached, even though I hurried
—what a sad space between us!

...And seated, we weep, still not leaving.
Already far away, we weep, with our sea eyes
against the wind and sun which struggle madly.

New York, cuarto vacío, entre baúles cerrados
6 de junio, noche

Remordimiento

Le tapría el tiempo
con rosas, porque no
recordara.

Una rosa distinta,
de una imprevista magia,
sobre cada hora solitaria de oro
o sombra,
hueco propicio a las memorias trágicas.

Que como entre divinas
y alegres
enredaderas rosas, granas, blancas,
que no dejan sitio a lo pasado,
se le enredara,
con el cuerpo,
el alma.

New York, an empty room, amidst closed trunks
June 6, at night

Remorse

I'd heap roses
over time
so memory would fade.

A special rose
of unforeseen magic
on each solitary hour of gold
or shadow,
each a holding place for tragic memories.

If only body
and soul
would intertwine
in a joyful tangle
as in a vine of pink, crimson and white blossoms
leaving no room for the past.

Despedida sin adiós

Mar amarilloso con espumas sucias, en un leve fermentar, como de gaseosa de limón. Se quedan atrás, con el leve ir del barco, barriles rotos, maderas viejas, guirnaldas de humos y espumas. Volviendo la cabeza a lo de antes, que ya no es nada, New York, como una realidad no vista o como una visión irreal, desaparece lentamente, inmensa y triste, en la llovizna. Está todo—el día, la ciudad, el barco—tan cubierto y tan cerrado, que al corazón no le salen adioses en la partida.

Salida dura y fría, sin dolor, como una uña que se cae, seca, de su carne; sin ilusión ni desilusión. Despedida sin alas, las manos en los bolsillos del abrigo, el cuello hasta las orejas, la sonrisa inexpresiva, que no se siente y nos sorprende—¿se ríe usted?—contestada por otra, en el rostro pasado por agua.

Ya no se ven... A babor... Un paseo por toda la borda... Bueno. ...La mar.

Departure without Goodbyes

Yellowish sea with dirty foam, a bit fermented like lemon soda. Left behind in the ship's wake are broken barrels, old timbers, wreathes of smoke and foam. As I turn my head back to what is now nothing, New York, like a reality not seen or an unreal vision, fades slowly, immense and sad, into the drizzle. It is all—the day, the city, the ship—so covered over and foggy that no goodbyes come from the heart as we sail off.

A harsh cold departure, painless, like a dry fingernail that falls from the flesh; without either hope or disappointment. A routine leavetaking, hands in coat pockets, collars turned up, inexpressive smiles that aren't felt and surprise us—are you laughing?—met by other smiles, on faces splashed with spray.

They can't be seen any longer...On the port side...A stroll along the deck...All right.

...The sea.

Nostalgia

El mar del corazón late despacio,
en una calma que parece eterna,
bajo un cielo de olvido y de consuelo
en que brilla la espalda de una estrella.

Parece que estoy dentro
de la mágica gruta inmensa
de donde, ataviada para el mundo,
acaba de salir la primavera.

¡Qué paz, qué dicha sola
en esta honda ausencia que ella deja,
en este dentro grato
del festín verde que se ríe fuera!

Nostalgia

The sea of the heart beats slowly
in a calm that seems eternal,
under a sky of oblivion and consolation
where the back side of a star shines.

It seems that I'm inside
the immense magical grotto
from which, dressed up for the world,
spring has just emerged.

What peace, what solitary pleasure
in this profound absence it leaves behind,
in this welcome inner center
of the festive green that laughs outside!

Mar de pintor

(Al encausto y en dos mitades.)

Cuatro de la madrugada: Mar azul Prusia.
Cielo verde malaquita. .—Emociones.—
Seis de la mañana: Mar morado. Cielo gris.
—Sports.—
Nueve de la mañana:—Lectura.—
Una de la tarde: Mar ocre. Cielo blanco.
—Desamor.—
Cuatro de la tarde: Mar de plata. Cielo rosa.
—Nostalgia.—
Ocho de la tarde: Mar de hierro. Cielo gris.
—Pensamientos.—

Painter's Sea

(To an encaustic painting in two halves.)

Four in the morning: the sea Prussian Blue.
The sky Malachite Green...—Emotions.—
Six in the morning: Purple sea. Gray sky.
—Sports.—
Nine in the morning:—Reading.—
One in the afternoon: Ochre sea. White sky.
—Indifference.—
Four in the afternoon: Silver sea. Rosy sky.
—Nostalgia.—
Eight in the evening: Iron sea. Gray sky.
—Thoughts.—

¡Desnudo!

¡Desnudo ya, sin nada
más que su agua sin nada!
¡Nada ya más!

Éste es el mar.
¡Éste era el mar, oh amor desnudo!

Naked!

Naked now, with nothing
more than its water with nothing!
Nothing more now!

This is the sea.
This was the sea, oh naked love!

Mar

A veces, creo que despierto
de mi misma vigilia, y que con ella
—sueño del mediodía—
se van monstruos terribles
del horizonte puro.

—Es cual una tormenta
de duermevela, cuyo trueno
no se supiera nunca
si fue verdad o fue mentira.—

Se me abre el corazón y se me ensancha
como el mar mismo. La amenaza
huye por el oriente
a sus pasadas nubes.

El mar sale del mar y me hace doblemente claro.

Sea

Sometimes I think I've wakened
from my own wakefulness and as I slip
—into an afternoon nap—
terrible monsters leave
the pure horizon.

—It's like a storm
when you're dozing, with no
way of ever knowing whether the thundercrack
was real or fake.—

My heart opens and expands me, like
the sea itself. The threat
flees eastward
to the clouds that have passed.

The sea overflows the sea and I feel doubly transparent.

El mar

Le soy desconocido.
Pasa, como un idiota,
ante mí; cual un loco, que llegase
al cielo con la frente
y al que llegara el agua a la rodilla,
la mano inmensa chorreando
sobre la borda.
                    Si le toco un dedo,
alza la mano, ola violenta,
y con informe grito mareante,
que nos abisma,
dice cosas borrachas, y se ríe,
y llora, y se va...
                    A veces, las dos manos
en la borda, hunde el barco
hasta su vientre enorme
y avanza su cabeza, susto frío,
hasta nuestro minúsculo descuido.
                    Y se encoge
de hombros y sepulta
su risotada roja en las espumas
verdes y blancas...
                    Por doquiera
asoma y nos espanta; a cada instante
se hace el mar casi humano para odiarme.

...Le soy desconocido.

The Sea

   It doesn't know who I am.
It frolics by me like an idiot,
like a madman, whose head
reaches up to the sky
with the water only up to its knees
and its huge hand spilling
over the handrail.
                  If I lay a finger on it,
it raises a hand, violent wave,
and with a dizzying incoherent shout
that dazes us,
it says drunken things and laughs
and cries and leaves...
                  Sometimes, both hands
on the railing, it sinks the ship
down into its enormous belly
and its head juts right up, chilling fright,
close to our miniscule carelessness.
                  Then it shrugs
its shoulders and buries
its red guffaw in the green
and white foam...
                  It looms up
everywhere and terrifies us; at any moment the sea
can be almost human in order to hate me.

   It doesn't know who I am.

¡Oh mar, cielo rebelde
caído de los cielos!

June 11

Oh sea, rebel sky
fallen from the heavens!

Mar de pintor
(¿De músico?)

A las dos de la tarde: Un movible y luciente brocado verde plata.

A las seis y media: Los valles de espumas blancas se llenan de rosas.

A las siete y cuarto: Agua alta y verde. Antecielo de nubarrones azul cobalto. Cielogris. Trascielo de oro.

A Painter's Sea
(A Musician's?)

At two in the afternoon: A movable gleaming silver green brocade.

At six thirty: Its valleys of white foam fill with roses.

At seven fifteen: High green tide. A foreshadow of cobalt blue storm clouds. Gray sky. Background of gold.

¡El mar acierta!

No sé si es más o menos. Pero sé que el mar, hoy, es el mar. Como un orador sin paz, que un día llega a su plena exaltación, y es él ya para siempre, porque la ola de su fervor rompió su vaso, así, hoy, el mar; como un pintor que acertase a dar en una sola pincelada la luz del color de la aurora primera; como un poeta que se hace en su alma una estrofa mayor que el mundo, así, hoy, el mar; como una primavera que abre su flor mayúscula...

Hoy el mar ha acertado, y nos ofrece una visión mayor de él que la que teníamos de antemano, mayor que él hasta hoy. Hoy le conozco y le sobreconozco. En un momento voy desde él a todo él, a siempre y en todas partes él.

Mar, hoy te llamas mar por vez primera. Te has inventado tú mismo y te has ganado tú solo tu nombre, mar.

The Sea Succeeds!

I don't know whether it is more or less. But I know that the sea, today, is the sea. Like an orator who talks incessantly, who manages to fully express himself one day, and is then himself forever after because the wave of his passion overflowed his bounds, so today is the sea; as if a painter were to convey in a single brushstroke the light of the color of the breaking dawn; like a poet who creates in his soul a stanza greater than the world, so today is the sea; like a springtime that opens its greatest flower...

Today the sea has succeeded, and offers us a more ample vision of itself than we have had before, more ample than the sea itself ever was before today. Today I got to know it and then even more. In one moment I go from knowing it to knowing all of it, for all time and in all places.

Sea, today you are called sea for the first time. You have invented yourself by yourself and you alone have earned your name, sea.

Hoy eres tú, mar de retorno;
¡hoy, que te dejo,
eres tú, mar!
                    ¡Qué grande eres,
de espaldas a mis ojos,
gigante negro hacia el ocaso grana,
con tu carga chorreosa de tesoros!

—Te quedas murmurando
en un extraño idioma informe,
de mí; no quieres nada
conmigo; entre tu ida
y mi vuelta
resta el despego inmenso
de una eterna nostalgia.—

...De repente, te vuelves
parado, vacilante,
borracho colosal y, grana,
me miras con encono
y desconocimiento
y me asustas gritándome en mi cara
hasta dejarme sordo, mudo y ciego...
Luego, te ríes, y cantando
que me perdonas,
te vas, diciendo disparates,
imitando gruñidos de fieras
y saltos de delfines
y piadas de pájaros;
y te hundes hasta el pecho
o sales, hasta el sol, del oleaje

Today you are you, sea of return
today, as I leave you,
you're you, sea!
                How vast you are,
your back turned to my eyes,
black giant against the rosy sunset,
with your dripping cargo of treasures!

You stay there, murmuring in a
strange incoherent language
about me; you want nothing
to do with me; between your leaving
and my return
lies the immense indifference
of an eternal nostalgia.—

...Suddenly you turn around,
stand there unsteadily,
a colossal drunk, and
stare at me red-faced in fury
and repudiation
and startle me shouting in my face
until I'm left deaf, mute and blind...
Then you laugh, and proclaiming
that you forgive me,
you go off, muttering nonsense
and imitating animal roars
and dolphin leaps
and bird chirps;
and you sink up to your chest
or you rise up out of the waves all the way to the sun

—San Cristóbal—,
con mi miedo en el hombro acostumbrado
a levantar navíos a los cielos.

Me siento perdonado. ¡Y lloro, mar salvaje,
toda tu agua de hierro, luz y oro!

—Saint Christopher—
with my fear on the shoulder accustomed
to raising ships heavenward.

I feel myself forgiven. And I weep, savage sea,
all your water of iron, light and gold!

Ya sólo hay que pensar en lo que eres,
mar. Tu alma completa
en tu cuerpo completo;
todo tú, igual que un libro
leído ya del todo, y muchas veces,
que con su fin ha puesto
fin a las fantasías.

Mar digerido, mar pensado,
mar en biblioteca,
mar de menos en la nostalgia abierta,
de más en el aguardo
de las visiones no gozadas!

Mar, mar, mar, mar
monótono, minuto del reloj diario,
latido igual del corazón diario;
ya sólo hay que pensar en lo que eres,
no hay que pensar en lo que eres,
¡oh mar inadvertido, no escuchado
de los oídos ya, ya no mirado
de los ojos, oh mar!

June 14

It's enough now to contemplate what you are,
sea. Your complete soul
in your complete body;
every part of you, just like a book
fully read, many times over,
that with "The End" has put an
end to fantasies.

Pondered sea, well considered sea,
sea in a library,
sea reduced by full-fledged nostalgia,
greater in anticipation
made of visions not yet enjoyed!

Sea, sea, sea, monotonous sea,
a minute on the daily clock
like one more beat of the daily heart
now it's enough to think about what you are,
or not to think about what you are,
oh sea no longer sensed, no longer heard
by ears, no longer seen
by eyes, oh sea!

Convexidades

Vuelve el cielo su espalda,
vuelve su espalda el mar, y entre ambas desnudeces,
resbala el día por mi espalda.

Lo que en el día queda,
es lo que dicen todos todo.
Nuestros tres pechos ¡Dios! están abiertos,
contra el todo de todos,
a lo que ignoran todos,
¡hacia todo!

Convexities

   The sky turns its back,
and so does the sea, and between the nakedness of both,
the day rolls right off my back.

   What is left of day
is, as they say, everything.
Our three hearts—God!—are open,
against everyone's everything,
to what they're all unaware of,
to everything!

Agua total

Se borra el mar lejano, y el horizonte se viene encima y aprisa, de modo que la raya última del agua tiene ya la ola, suave primero, luego grande, sobre el cielo. El aire se achica y el interior de nuestro orbe se hace pequeño, como el de una naranja cuya piel hubiese crecido hacia dentro, o como un corazón hipertrofiado. El mar parece una gotita del tamaño—¡menor!—del ojo que lo mira.

El cielo no es casi bóveda nuestra, sino posible visión convexa de otros. Llueve más. Agua arriba y agua abajo, es decir, agua en medio, y toda de un color, digo, sin color, digo, negra... o tal vez blanca... Sólo agua, todo agua. Ahogo total, diluvio nuevo. En el arca, yo con mi familia y una pareja de todos los animales conocidos.

Total Water

The distant sea is erased, and the horizon races toward us quickly, so on the far off line of the water's surface a wave emerges, first gently, then larger against the sky. The air shrivels and the inside of our orb shrinks down small, like that of an orange with its peel growing toward the center, or like an over enlarged heart. The sea looks like a tiny drop even smaller than the eye that perceives it.

The sky is almost not our firmament, but a possible convex vision of others. It rains more. Water above and water below, that is, water everywhere and all the same color, that is, colorless, I mean, black...or perhaps white... Only water, all water. Total submersion, a new flood. In the ark, I with my family and a pair of every known animal.

Nocturno

Tan inmenso como es ¡oh mar! el cielo,
como es el mismo en todas partes,
puede el alma creerlo tan pequeño...
Enclavado a lo eterno eternamente
por las mismas estrellas,
¡qué tranquilos sentimos, a su amparo,
el corazón, como en el sentimiento
de una noche, que siendo sólo nuestra madre,
fuera el mundo!
¡Qué refugiados nos sentimos
bajo su breve inmensidad definitiva!

Nocturne

As immense as is the sky, oh sea!
since it is the same sky everywhere,
the soul can think it so small...
Bound eternally to eternity
by the stars themselves,
how calm are our hearts, under its protection,
as when we feel that a night,
which is only our mother
might be the entire world!
How secure we feel
under its brief precise infinity!

Mar despierto

¡Oh, cuán despierto tú, mar rico,
siempre que yo, voluble y trasnochado,
salgo a mirarte; siempre
que yo, los ojos ojerosos,
salgo, a mirarte, cada aurora!

Tu corazón sin cárcel,
de todo tu tamaño,
no ha menester reposo;
ni porque desordenes
tu hondo y alto latir sin cuento,
te amedrenta la muerte
por ningún horizonte.

¡Cuál juegas con tu fuerza,
de todos los colores
de las horas! ¡qué alegre y loco,
levantas y recoges, hecho belleza innúmera,
tu ardiente y frío dinamismo,
tu hierro hecho movimiento,
de pie siempre en ti mismo, árbol de olas,
y sosteniendo en tu agua todo el cielo!

¡Mar fuerte, oh mar sin sueño,
contemplador eterno, y sin cansancio
y sin fin, del espectáculo alto y solo
del sol y las estrellas, mar eterno!

Wakeful Sea

Oh how wide awake you are, rich sea,
whenever I, moody and exhausted,
go out to gaze at you; when
I go out, dark circles under my eyes,
to gaze at you, every dawn!

Your unfettered heart
that is your full presence,
has no need of rest;
not even when you disorder
your deep high countless heartbeats
do you fear death
on any horizon.

How you play with your strength
through the changing colors
of the hours! How joyful and crazy
you rise up and gather, as infinite beauty,
your ardent cold dynamic,
your iron becomes movement,
always standing within yourself, tree of waves,
holding up the entire sky with your water!

Mighty sea, oh sleepless sea.
eternal contemplator, tireless
and endless, of the high solitary
spectacle of the sun and stars, eternal sea!

La luna blanca quita al mar
el mar, y le da el mar. Con su belleza,
en un tranquilo y puro vencimiento,
hace que la verdad ya no lo sea,
y que sea verdad eterna y sola
lo que no lo era.
        Sí.
            ¡Sencillez divina
que derrotas lo cierto y pones alma
nueva a lo verdadero!
   ¡Rosa no presentida, que quitara
a la rosa la rosa, que le diera
a la rosa la rosa!

The white moon steals the sea from the sea
and returns it to the sea. With her beauty,
in her tranquil pure surrender,
she makes the truth appear untrue,
suggesting a single eternal truth
which isn't so.
                    Yes.
                            Divine simplicity
that defeats the truth and gives new soul
to what is real!
    Unforeseen rose, that took the rose
from the rose, that gave the rose to
the rose!

Partida

A Joaquín Montaner

Hasta estas puras noches tuyas, mar, no tuvo
el alma mía, sola más que nunca,
aquel afán, un día presentido,
del partir sin razón.
                Esta portada
de camino que enciende en ti la luna
con toda la belleza de sus siglos
de castidad, blancura, paz y gracia,
la contagia del ansia de su ausente
movimiento.
            Hervidero
de almas de azucenas, que una música
celeste hiciera de cristales líquidos,
con la correspondencia de colores
a un aromar agudo de delicias
que extasiaran la vida hasta la muerte.

¡Magia, deleite, más, entre la sombra,
que la visión de aquel amor soñado,
alto, sencillo y verdadero,
que no creímos conseguir; tan cierto
que parecía el sueño más distante!

Sí, sí, así era, así empezaba
aquello, de este modo lo veía
mi corazón de niño, cuando, abiertos
como cielos, los ojos,
se alzaban, negros, desde aquellas torres
cándidas, por el iris, de su sueño,
a la alta claridad del paraíso.

Departure

To Joaquín Montaner

Until these pure nights of yours, sea, my soul
more solitary than ever, did not feel
that urgency, felt as premonition one day,
to depart without reason.
　　　　　This gateway
to a road that the moon illuminates in you
with all the beauty of its centuries
of chastity, whiteness, peace and grace,
infects it with a desire for its absent
movement.
　　　　Hotbed
of souls like lilies, that wrought celestial
music out of liquid crystals,
their colors corresponding
to the sharp scents of delights
that enraptured life until death.

Magic, pleasure, more, in the shadow,
than the vision of that dreamed of love
lofty, simple and true,
that we didn't believe we'd ever obtain;
it seemed such an unreachable dream!

Yes, yes, that's how it was, how that
began, how my child's heart
saw it when my eyes, open
as the skies,
looked up, black, from those innocent
towers of their dream, through the iris,
to the high clarity of paradise.

Así era aquel pétalo de cielo,
en donde el alma se encontraba,
igual que en otra ella, sola y pura.
Este era, esto es, de aquí se iba,
como esta noche eterna, no sé a donde,
a la tranquila luz de las estrellas;
así empezaba aquel comienzo, gana
celestial de mi alma
de salir, por su puerta, hacia su centro...

   ¡Oh blancura primera, sólo y siempre
primera!

   ...¡Blancura de esta noche, mar, de luna!

Thus was that petal of sky
in which the soul found itself,
just like in another self, alone and pure.
This was, this is, from here it went forth,
like this eternal night, I don't know to where
under the tranquil light of the stars;
that's how that whole beginning started,
celestial yearning of my soul
to go out, through its door, toward its center...

Oh first whiteness, only and ever
first!

...Whiteness of this moonlit night, sea!

Día entre las Azores

A Saturnino Calleja.

9 de la mañana

El sol, que se enciende, lento, en blanca luz, al afinarse las nubes de agua, alumbra de plata verde el sur del mar de plomo carminoso. Gotas dulces de llovizna barrida y gotas amargas de ola asaltadora, nos llegan confundidas a los labios y a los ojos. Vamos al estío, enfundados hasta las orejas en las pieles de diciembre.

1 de la tarde

Mar sólido

Está el mar de piedra, y las olas se barajan como cartas o lascas de pizarra. Aquí y allá, vagas malaquitas de imponderables verdes, profundos y finos mármoles negros que descendieran, en escalinatas imantadas, al misterio. En súbitas apariencias volubles, sobre la cima de las mudables y minúsculas cordilleras de olas, remolinos de yeso. Parece que es polvo la brisa. La roca y el alma tienen sedes.

2 de la tarde

Al subir del comedor, no hay mar. Todos, sin verlo, siguen creyendo que está. Pero no está. No, no hay mar. El sol contagia toda la atmósfera lloviznosa, y todo es sólo luz blanca, suave, vendada. En la unánime claridad, breves sangres derramadas por heridas de albor, leves guirnaldas vivas —¿de qué?—no sé si por el agua o por el cielo.

A Day in the Azores

To Saturnino Calleja.

9 in the morning

The sun, that lights up slowly, as the rain clouds disburse, illuminates the scarlet lead of the south sea with silver green. Sweet drops of gusting drizzle, bitter drops of crashing wave mix together reaching our lips and eyes. We're moving toward the summer, wrapped up to our ears in December furs.

1 in the afternoon

Solid Sea

The sea is like stone and the waves are shuffled like cards or slate chips. Here and there, hazy malachites of imponderable greens, deep delicate black marbles that must lead to mystery, down magnetized stairways. In sudden inconstant appearances, above the peaks of the miniscule ever-changing mountain ranges of waves, swirls of chalk. The breeze seems like dust. The rock and the soul have yearnings.

2 in the afternoon

Going back up from the dining room, there is no sea. Everyone, without seeing it, keeps thinking it is there. But it is not there. No, there is no sea. The sun contaminates the whole misty atmosphere, and everything is nothing but white, soft, muffled light. In the unanimous clarity, streaks of blood spilled by daybreak's wounds, light living garlands—of what?—I don't know if from the water or the sky.

Adiós!

¡Qué lejos ya la triste cueva llorosa, de que hemos salido ahora mismo, de las "Azores de la lluvia constante"! ¡Salud alegre de la abierta tarde de sol! El mar, Prusia otra vez, está como tajado en infinitos planos de oscuros colores luminosos, que se complican en cambiantes innumerables, como si cada ola tuviera un parto perpetuo de olitas. Claridades de nubes encendidas lo deslumbran sin reposo, y en las espumas de cada ola rota, un arco iris eleva su lira de colores.—Así "Las Musas aclamando al Genio mensajero de luz" de Puvis de Chavannes, femeninas olas blancas de una mar ideal.— El cielo es hoy más grande que el mundo, y parece que su gloria se ha bajado al ocaso, que está ahí cerca, entre sus jardines acuáticos. La última isla, casi de música, suma de la ilusión, sale, como una proa de luz cristalizada, de entre las nubes bajas, que la abrazan, que la cuelgan, que la coronan inmensamente, en la desproporción mágica—¡pobres de nosotros!—de su magnificencia apoteótica.

6 de la tarde

La isla transfigurada

Malva, de oro y vaga—igual que un gran barco boca abajo sobre el mar concentrado y azul ultramar—, en un ocaso amarillo que ornan mágicas nubes incoloras, gritos complicados de luz, la "Isla de los Muertos", de Böcklin. Mas los cipreses están ardiendo esta tarde y los muertos están resucitando. Oro, fuego, purificación. El mar suena a César Franck.

Goodbye!

How far away already is that sad weepy cave we've just left behind, in the "Azores of constant rain!" Joyful health of the sun breaking through the afternoon clouds! The sea, Prussian blue again, is as if sliced into infinite planes of dark luminous colors that blend in infinite shades, as if each wave were giving perpetual birth to little waves. Light flashes of flaming clouds dazzle it ceaselessly, and in the foam of each breaking wave, a rainbow raises its multicolored lyre—Like "The Muses of Inspiration Hail the Spirit" of Puvis de Chavannes' feminine white waves of an ideal sea!—Today the sky is bigger than the world, and its glory seems to have descended to the sunset that is close by, among its aquatic gardens. The last island, almost of music, peak of hope, emerges like a ship's prow of crystallized light, from among the low clouds that embrace it, that hand it down and crown it immensely, in magic disproportion—oh poor us!—of its tremendous magnificence.

6 in the evening

The Island Transfigured

Mauve, gold and hazy—just like a great ship upside down on a sea of intense ultramarine blue—in a yellow sunset adorned by colorless magical clouds, complex cries of light, Böcklin's "Island of the Dead." But the cypresses are blazing this afternoon and the dead are resuscitating. Gold, fire, purification. The sea sounds like César Franck.

7 y 1/2 de la tarde

Transfigurada ya y ardida, entre el sol del ocaso y su largo derramamiento en el mar azul, como un ascua que se apaga roja, malva y ceniza—negra por sitios, carbón que permanece—la "Isla—¡Adiós, adiós, adiós!—del Juicio Final!"

Now transfigured and burnt up, between the setting sun that spills from a distance into the blue sea, like an ember that burns out red, mauve and ash —black in places, embers still glowing—the "Island—Goodbye, goodbye, goodbye!—of the Last Judgment!"

Los Tres

El gallardete, blanco,
se pierde en las estrellas mismas siempre.
Sólo estamos despiertos
el cielo, el mar y yo—cada uno inmenso
como los otros dos—.

Hablamos, lentos,
de otras cosas, serena y largamente,
toda la madrugada...

El gallardete, blanco,
sigue, agudo en el viento, en las estrellas mismas,
en las estrellas de antes, que ya faltan
algunas...

Canta el gallo
en la proa, y despiertan todos...
Sus últimas estrellas
recoge el cielo, sus tesoros
el mar, yo mi infinito,
y nos vamos del día luminoso
y venimos al día de la vida,
cerrados y dormidos.

The Three of Us

The white pennant
always loses itself in the stars.
Only the sky, the sea and I
are awake—each as immense
as the other two—.

         We talk unhurriedly
of other things, calmly and at length,
all through the early morning...

The white pennant
still flies, stiff in the wind, among the stars,
the same stars as before, now missing
a few of their number...

        The rooster crows
on the ship's prow, and everyone awakens...
The sky gathers up
its last stars, the sea
its treasures, I my infinity,
and we leave the luminous day
and enter the living day,
closed and asleep.

Vida

Tu nombre hoy, mar, es vida.
Jamás palpitó nada así, como la riqueza sin orillas
de tu movible y lúcido brocado verdeplata,
blanca entraña y azul de la belleza eterna;
criadero sin fin de corazones
de los colores todos
y de todas las luces;
¡mar vivo, vivo, vivo, todo vivo y vivo solo,
tan solo y para siempre vivo, mar!

Life

Sea, your name today is life.
Nothing has ever throbbed like this, like the
boundless wealth of your shifting lucid
silvergreen brocade, blue and inner white
of eternal beauty; endless nursery of hearts
of all colors
and all lights;
living sea, living, living, fully living, living alone,
so alone and living forever, sea!

Nocturno

El barco, lento y raudo a un tiempo,
vence al agua
mas no al cielo.
Lo azul se queda atrás, abierto en plata viva,
y está otra vez delante.
Fijo, el mástil se mece y torna siempre
—como un horario en igual hora
de la esfera—
a las estrellas mismas,
hora tras hora azul y negra.
El cuerpo va, soñando,
a la tierra que es de él, de la otra tierra
que no es de él. El alma queda y sigue
siempre por su dominio eterno.

Nocturne

The ship, at once slow and swift,
conquers the water
but not the sky.
The blue remains behind, opening into living silver
and once more is ahead.
Fixed, the mast sways, always returning
—like an hour hand moving steadily
on the clock's face—
to the stars themselves,
hour after blue black hour.
The body, dreaming, goes
to its own country, from that other country
that is not its own. The soul remains
ever abiding in its eternal domain.

Ciego

De pronto, esta conciencia triste
de que el mar no nos ve; de que no era
esta correspondencia mantenida
días y noches por mi alma
y la que yo le daba al mar sin alma,
sino en un amor platónico.

                    ¡Sí, inmensamente
ciego!

Aunque esta luna llena y blanca
nos alumbre, partimos las espaldas
del agua en una plenitud de oscuridades.
Y no vistos del mar,
no existimos por ese mar abierto
que cerca nuestra nada de horizontes
verdes, resplandecientes e ideales.

Este miedo, de pronto…

Blind

Suddenly this sad awareness
that the sea does not see us; that this was not
the requited love I nurtured,
day and night, in my heart,
the one I'd been offering the heartless sea
existed only as platonic love.

                        Yes, immensely
blind!

Although this full white moon
illuminates us, we split the shoulders
of the water in a plenitude of darkness.
And unseen by the sea,
we don't exist on this open sea
that surrounds our nothingness with green
horizons, resplendent and ideal.

Suddenly, this fear...

No sé si el mar es, hoy
—adornado su azul de innumerables
espumas—,
mi corazón; o si mi corazón, hoy
—adornada su grana de incontables
espumas—,
es el mar.
      Entran, salen
uno de otro, plenos e infinitos,
como dos todos únicos.
A veces, me ahoga el mar el corazón,
hasta los cielos mismos.
Mi corazón ahoga el mar, a veces,
hasta los mismos cielos.

I don't know if the sea today
—its blue adorned with
numerous foaming waves—,
is my heart; or if my heart, today
—its crimson adorned
with countless foamy waves—,
is the sea.
      They enter, each emerging
from the one before it, each separate, unique,
and yet part of the infinite.
Sometimes the sea drowns my heart
to the very heavens.
My heart drowns the sea sometimes,
to those same heavens.

Cádiz

De un cielo bajo y malva, que limitan,
sobre el cielo más alto, verde y puro,
vagos cúmulos de ópalo
con un vago pedazo de arco iris,
Cádiz—igual que un largo brazo fino y blanco,
que España, desvelada en nuestra espera,
sacara, en sueños, de su rendimiento
del alba,
todo desnudo sobre el mar morado—
surge, divina.

—Con las bombas que tiran
los fanfarrones,
se hacen las gaditanas
tirabuzones—.

Los besos matutinos, nuevos
y frescos, se adelantan
en la brisa total, a esa blancura.

¡Hoy sí que amanece!
¡Hoy sí que vas saliendo
sol violeta, que sales
con ruedas de albos radios infinitos,
sobre el mar detenido por España!

¡Hoy sí que te ve el alma amanecer,
sol sobre el alma!

Cádiz

From under a low violet sky of hazy opal
clouds that block out the pure
green sky high above it
with vague scraps of rainbow,
Cádiz—like a long, delicate white arm
fully naked above the purple sea—
that Spain, wakefully awaiting us,
gleaming in her dreams, from her share
of the dawn,
surges forth, divine.

While the braggarts
hurl their bombs,
the women of Cádiz make
their corkscrew curls.

The morning's kisses, new
and fresh, move onward
in the total breeze, toward that whiteness.

Today, what a dawn!
Today, how resplendently
you're bursting forth, violet sun
in a circle of infinite white rays
above the sea and the Spanish shore!

Today, the soul really sees you dawning,
sunlight upon the soul!

Moguer
24 de junio

Madre

Te digo al llegar, madre,
que tú eres como el mar; que aunque las olas
de tus años se cambien y te muden,
siempre es igual tu sitio
al paso de mi alma.

No es preciso medida
ni cálculo para el conocimiento
de ese cielo de tu alma;
el color, hora eterna,
la luz de tu poniente,
te señalan ¡oh madre! entre las olas,
conocida y eterna en su mudanza.

Moguer
June 24

Mother

I tell you as I arrive, Mother,
that you are like the sea; that although the waves
of your years may change and alter you,
your place is always the same
as my soul moves along.

There's no need to measure
or calculate in order to perceive
the heaven of your soul,
its color, eternal hour,
the light of your sunset,
single you out, Mother, amidst the waves,
ever familiar and eternal in your variations.

Madrid

¿El mar este, cerrado
y solo, que el relámpago de acero,
como una espada súbita,
trae, en la visión medrosa
de la tarde de espanto y de tormenta;
es el mar en que estuve
yo, riente, entre niños;
el mar que fue mi casa,
mi día y mi sustento; el mar rosa y vencido,
que me llevó al amor?

Madrid

  Can this very sea, dark
and solitary, illumined
by a steely lightning bolt,
as by a sudden sword, in
a fearful vision of this afternoon of fright
and storm, be the same sea I knew,
laughing with other children;
the sea that was my home,
my daily abode and my sustenance; the rosy
tranquil sea that carried me to love?

Madrid

Soñando
(Aurora en el mar)

El gallo canta, sin respuesta,
en la proa, que rompe,
firme, la madrugada grana, gris y fría;
y su grito se pierde, solo,
por el mar, contra el sol que se levanta
por un hueco fantástico de nubes.

Agua y cielo son, juntos, con su grito,
de sangre y oro,
de sangre que no mancha, sino que purifica,
de oro que enriquece sólo el alma.

Dreaming
(Dawn at Sea)

The rooster crows out, unanswered,
on the prow that cuts
cleanly through the cold gray crimson dawn,
and his lone cry is lost
over the sea against the sun that rises
through a fantastic cornucopia of clouds.

Water and sky are united in his cry,
of blood and gold,
blood that does not stain, but rather purifies,
gold that enriches only the soul.

Elegía

Ahora parecerás ¡oh mar lejano!
a los que por ti vayan,
viendo tus encendidas hojas secas,
al norte, al sur, al este o al oeste;
ahora parecerás ¡oh mar distante!
mar; ahora que yo te estoy creando
con mi recuerdo vasto y vehemente.

Elegy

Now you will appear, oh remote sea,
to those who travel upon you,
seeing your blazing dry leaves,
to the north, south, east or west;
now you'll appear, oh distant sea,
as sea, now that I'm creating you
with my vast fervent memory.

Sencillez

¡Sencillez, hija fácil
de la felicidad!
        Sales, lo mismo,
por las vidas, que el sol de un día más,
por el oriente. Todo
lo encuentras bueno, bello y útil,
como tú, como el sol.
        ¡Sencillez pura,
fuente del prado tierno de mi alma,
olor del jardín grato de mi alma,
canción del mar tranquilo de mi alma,
luz del día sereno de mi alma!

Madrid
Sunday

Simplicity

Simplicity, untroubled daughter
of happiness!
Like an everyday sun,
you venture out among lives from the east. You
find everything good, beautiful and useful
like you, like the sun.
Pure simplicity,
wellspring of the tender meadow of my soul,
aroma of the beloved garden of my soul,
song of the peaceful sea of my soul,
light of the serene day of my soul!

Poems After
Diario de un poeta recién casado
Diary of a Newlywed Poet

Universo

Tu cuerpo: celos del cielo.
Mi alma: celos del mar.
—Piensa mi alma otro cielo.
Tu cuerpo sueña otro mar—.

Universe

Your body: jealous of the sky.
My soul: jealous of the sea.
—My soul imagines another sky.
Your body dreams of another sea—.

Tierra y mar

El horizonte es tu cuerpo.
El horizonte es mi alma.
Llego a tu fin: más arena.
Llegas a mi fin: más agua.

Land and Sea

The horizon is your body.
The horizon is my soul.
I come to the end of you: more sand.
You come to the end of me: more water.

Sólo es igual tu permanencia
en ti, alma mía, al cielo
y al mar. Sólo en ti misma
está el mar grande
y el cielo sin medida.
Sólo tú eres
mayor que el mar y el cielo.
Sólo tú eres, alma mía,
mayor que tú. Sólo tú eres
el lugar inmortal a que tú aspiras
y en donde tu ilusión omnipotente
se sienta, sin más dios que tu tesoro,
¡oh alma mía, dueña de ti misma!

You are only solid in yourself,
my soul, like the sky
and the sea. Only in yourself
is the sea immense
and the sky infinite.
Only you are
greater than sea and sky.
Only you, my soul, are
greater than yourself. Only you are
the immortal place that you yearn for
where your all powerful ambition
resides, with no other god than your treasure,
oh my soul, ruler of yourself.

El recuerdo

Como médanos de oro,
que vienen y que van, son los recuerdos.

El viento se los lleva,
y donde están, están,
y están donde estuvieron,
y donde habrán de estar... —Médanos de oro—.

Lo llenan todo, mar
total de oro inefable,
con todo el viento en él...—Son los recuerdos—.

Memory

Memories are like golden sand dunes,
that come and go.

The wind carries them away
and wherever they are, they are,
and they are wherever they were,
and wherever they will be...—golden sand dunes—.

They fill everything, a total sea
of indescribable gold,
with all the wind it holds...—memories—.

Mares

¡Siento que el barco mío
ha tropezado, allá en el fondo,
con algo grande!

¡Y nada
sucede! Nada... Quietud... Olas...

—¿Nada sucede; o es que ha sucedido todo,
y estamos ya, tranquilos, en lo nuevo? —

Seas

I feel my boat
has struck something large
there, in the depths of the sea!

And then nothing
happens! Nothing... Silence... Waves...

Nothing happens? Or has everything happened
And are we now, calm, in someplace new?

Ruta

Todos duermen, abajo.
                    Arriba, alertas,
el timonel y yo.

          Él, mirando la aguja, dueño de
los cuerpos, con sus llaves
echadas. Yo, los ojos
en lo infinito, guiando
los tesoros abiertos de las almas.

Route

Below, everyone is asleep,
                    Above, alert,
the ship's pilot and I.

          He watches the compass, in charge
of our bodies, under lock
and key. I, with my eyes
on the infinite, steering
the open treasures of our souls.

El barco entra, opaco y negro,
en la negrura trasparente
del puerto inmenso.
                    Paz y frío.
                              —Los que esperan
        están aún dormidos con su sueño,
tibio en ellos, lejos todavía y yertos dentro de él
de aquí, quizás...
        ¡Oh vela real nuestra, junto al sueño
de duda de los otros! ¡Seguridad, al lado
del sueño inquieto por nosotros!—
                              Paz. Silencio.
Silencio que al romperse, con el alba,
hablará de otro modo.

    The ship, opaque and black, sails
into the transparent blackness
of the immense port.
                Peace and cold.
                              —Those who wait
are still asleep with their dreams
warm in them, still far away,
and stiff within their sleep.
Oh our solid sails, next to the flimsy
dreams of others! Our certainty, alongside
their restless dreams about us!—
                        Peace. Silence.
Silence that when broken, at dawn,
will speak in another voice.

La obra

¡El mar, enmedio, quieto con la tarde,
cuyo ocaso se cambia los colores,
como una vida, hasta su desnudez!

Silencio, soledad en torno.
—Apenas, por la playa,
alguien que ha vuelto por lo de antes
sin ver ya más.—

Yo, en mí, soñando
más, más, más. Más, más, más soñado
en las tierras extrañas, tras el mar.

Life's Work

Surrounded by the sea, quiet in the evening
as the sunset sheds its colors,
like a life, stripping down to its nakedness!

Silence and solitude all around.
—just a lone figure on the beach
in search of something familiar
unable to see anything more—.

I, within myself
dreaming more, more, more. More, more, more is dreamt
in the strange lands across the sea.

Nocturno soñado

La tierra lleva por la tierra;
mas tú, mar,
llevas por el cielo.

¡Con qué seguridad de luz de plata y oro,
nos marcan las estrellas
la ruta!—Se diría
que es la tierra el camino
del cuerpo,
que el mar es el camino
del alma—.

Sí, parece
que es el alma la sola viajera
del mar; que el cuerpo, solo,
se quedó allá en las playas,
sin ella, despidiéndola,
pesado, frío, igual que muerto.

¡Qué semejante
el viaje del mar al de la muerte,
al de la eterna vida!

Nocturne in a Dream

The earth guides us on earth;
but you, sea,
guide us through the sky.

With what steady silver and golden light
the stars mark out
the route!—you could almost say
that earth is the path
of the body,
that the sea is the path
of the soul—.

Yes, it seems
the soul is the lone traveler
on the sea; that the body alone,
remained back there on the beaches,
bidding farewell to the soul,
heavy, cold, as if dead.

How similar
the sea journey is to that of death,
to that of eternal life!

Noche

¡Grito en el maar!

¿Qué corazón hecho honda—¡hondero triste!—
te ha gritado? ¿De dónde, grito, dónde,
con qué alas llegarás a tu final?

...Cada ola te coje, y tú, lo mismo
que un delfín hecho espada, fuerza sólo, gritas: más,
más, más, más, más...,
o, hecha tu ala vela, lo mismo que una golondrina,
vas más allá, vas más allá, vas más allá...

¡Griiito en el maaar!...

¿Las estrellas te ayudan con sus ecos?

¡Griiiiito en el maaaaar!

Night

Seeea cry!

What heart turned catapult—fired in sorrow!—
has cried out to you? From where, cry, where,
with what wings will you reach your end?

Each wave seizes you, and you, like
a dolphin transformed into a sword, pure force,
cry out: more, more, more, more, more...,
Or, your wing changed into a sail, like a swallow,
you push on, and on, and on...

Seeeeea cryyyyy!

Do the stars help you with their echoes?

Seeeeeeeea cryyyyyyyy!

Lejos, en torno, el mar igual
espera, en juegos de olas
—islas de sol, sombras de nubes—,
ser partido por mí.

¿Qué derrotero tuyo,
mar sin veredas,
será, di, el verdadero, el tuyo, el mío,
el que tú me abrirás a gusto tuyo?

¿Dónde tus aguas, mar igual, iguales,
se harán a un lado y otro satisfechas,
de oro de sol de aurora los redondos lomos espumosos,
hacia la unidad mía?

¿En qué playa radiante
romperá tu agua alegre,
concluida su misión de conducirme,
y volverá—¡adiós, agua!—al mar igual?

Far away, all around, the calm sea
waits, playing with the waves
—islands of sun, shadows of clouds—.
to be cleaved by me.

Tell me, which of your courses,
sea without paths,
will turn out to be the true one, yours, mine,
the one you will choose to lead me to?

Where will your waters, calm sea, calmly
veer one way and another, satisfied,
your rounded foamy loins, golden in the daybreak sun
toward my unity?

On what radiant beach
will the waves of your joyous water crash,
when your mission of guiding me is done,
and then return again—farewell, water!—into the calm sea.

La rosa viajera

¡Aquella rosa que pasó la mar,
tan leve, con tan suave vida!

Todos creímos
que llegaría muerta a nuestro fin
aquella rosa que pasó la mar.

Me acuerdo de ella,
transida por el sol puro de ocaso—¡qué nostalgia!—,
aquellas tardes últimas,
que todas parecieron
la de la llegada,
aquellas tardes en que todos lloraban o reían,
reían o lloraban,
en una exaltación de sentimiento;
cuando el barco ya era
puerto seguro —lento o raudo—.

Y en los escalofríos
de dicha alegre o triste,
de nosotros, vestidos—Terranova, enero—,
desnuda, fresca, erguida,
¡aquella rosa que pasó la mar!

The Traveling Rose

That rose that crossed the sea,
so fragile, with such a gentle life!

We all thought
it would be dead at journey's end,
that rose that crossed the sea.

I remember that rose,
blazing with the pure glow of sunset—what nostalgia!—
those final afternoons,
every one of them seeming to be
the one of our arrival,
those afternoons when we all cried or laughed,
laughed or cried
in an exalted state of emotion;
when the ship, by then, was
a safe harbor—slow or swift—.

And while we shivered
in joyful or sad happiness,
dressed for Newfoundland in January,
it stood there, naked, fresh, proud,
that rose that crossed the sea!

Epitafio ideal de un marinero

Hay que buscar, para saber
tu tumba, por el firmamento.
—Llueve tu muerte de una estrella.
La losa no te pesa, que es un universo
de ensueño.—
En la ignorancia, estás
en todo—cielo, mar y tierra—muerto.

A Sailor's Ideal Epitaph

You must seek through the firmament
to know where your grave will lie.
Your death rains down from a star.
This gravestone doesn't weigh you down, because it's
a universe of dreams.
You don't know it, but you are
everywhere—sky, sea and land—now that you're dead.

Visión de costa

Su callar era el mar
y su ceguera el cielo; el hondo
pesar por su no ser era la aurora;
la sombra que tendía
iluminaba el arenal de oro.

Coastal Vision

Its silence was the sea
and its blindness the sky; the profound
grief for its nonbeing was the dawn,
the shadow it cast
illuminated the golden sands.

Luz y agua

La luz arriba—oro, naranja, verde—,
entre las nubes vagas.

—¡Ay, árboles sin hojas;
raíces en el agua,
ramajes en la luz!—

Abajo el agua—verde, naranja, oro—,
entre la vaga bruma.

...Entre la bruma vaga, entre las vagas nubes,
luz y agua—¡qué mágicas!—se van.

Light and Water

The light above—gold, orange, green—,
among the hazy clouds.

Oh leafless trees
roots submerged in water,
branches in light!

The water below—green, orange, gold—,
in the hazy mist.

In the hazy mist, among the hazy clouds,
light and water—*magical!*—vanish.

Mar ideal

Los dos vamos nadando
—agua de flores o de hierro—
por nuestras dobles vidas.

—Yo, por la mía y por la tuya;
tú por la tuya y por la mía—.

De pronto, tú te ahogas en tu ola,
yo en la mía; y, sumisas,
tu ola, sensitiva, me levanta,
te levanta la mía, pensativa.

Ideal Sea

The two of us swim along
—water of flowers or iron—
through our double lives.

I through mine and yours;
you through yours and mine.

Suddenly, you're drowning in your wave,
and I in mine; and without complaint,
your compassionate wave lifts me,
and my meditative wave lifts you.

Mar ideal

El faro,
como la voz de un niño, que quisiera
ser Dios, casi se ve, desde nosotros.

—¡Qué lejos!—

No parece
que está encendido para el mar funesto,
sino para el fatídico infinito.

Ideal Sea

The lighthouse beam,
like the voice of a child who yearns
to be God, can almost be seen by our eyes.

How distant it is!

It doesn't seem
that it is alight for the ill-fated sea,
but rather for fateful infinity.

Sombra

Toda la noche interna navegando
—¡los buques negros de mis sueños;
horas grandes por dentro, externo reloj rápido!—,
hacia esa playa grana de la aurora.

¡Qué libre mar tan infinito
el tuyo, limitada noche breve;
y qué distancia tan inmensa
de esta tierra de ayer
a esta misma de hoy!

Shadow

All through the inner night navigating
—the black ships of my dreams;
long hours within, external clock running fast!—
toward that crimson beach of daybreak.

How vastly infinite and free your sea is,
brief limited night;
and what a vast immense distance
between this earth yesterday
and this same earth today.

¡Ese día, ese día
en que yo mire el mar—los dos tranquilos,
confiado a él; toda mi alma
—vaciada ya por mí en la Obra plena—
segura para siempre, como un árbol grande,
en la costa del mundo;
con la seguridad de copa y de raíz
del gran trabajo hecho!

—¡Ese día, en que sea
navegar descansar, porque haya yo
trabajado en mí tanto, tanto, tanto!

—¡Ese día, ese día
en que la muerte—¡negras olas!—ya no me corteje
—y yo sonría ya, sin fin, a todo—,
porque sea tan poco, huesos míos,
lo que le haya dejado yo de mí!

That day, that day
when I can gaze at the sea—both of us calm
and I, trusting, having poured my whole heart
into my Life Work—
secure forever, like a huge tree
on the coast of the world
secure from treetop to root
of great work accomplished!

That day, when to sail will be to rest,
because I'll have worked
so very, very much within myself!

That day, that day
when death—black waves!— no longer courts me
and I can smile, constantly, at everything
because, my bones, there will be so little
of myself left to give it.

Mar

¿Qué te tira del alma?
—Te vas adelgazando
como un arroyo que se va quedando
sin agua—.

Sea

What's tugging at your soul?
"You're fading away
like a stream that's running
out of water."

Vida en el agua

Quisiera que mi vida
se cayera en la muerte,
como este chorro alto de agua bella
en el agua tendida matinal;
ondulado, brillante, sensual, alegre,
con todo el mundo diluido en él,
en gracia nítida y feliz.

Life in the Water

I wish my life
would fall into death
like this high spurt of beautiful water
into the smooth water of morning
undulating, brilliant, sensual, joyous,
with the entire world suspended in it
in clear happy gracefulness.

Yo soy el mar donde se ha hundido
tu cuerpo: yo te tengo
en mi fondo, podrida...

Fuera, la vida entera
es un doble silencio
—tuyo porque estás muerta
mío porque estás muerta—, mar y playa.

I am the sea where your body
went under: I have your rotten remains
in the depths of myself...

Outside, all life
is a double silence
—yours because you're dead
mine because you're dead—, sea and beach.

El nuevo mar

I.

Para olvidarme de por qué he venido,
de para qué he nacido, hemos nacido,
vengo a mirarte, mar, loco perpetuo.

Tu movimiento, tu inquietud me calman.
Tú eres el único que sabe
ser sólo él, ser sólo tú,
el único y el solo que no deja
responder a sus olas, sus palabras,
a la pregunta de la luz altiva.

En los días serenos, cuando el aire
con su cielo sobre él, arriba, cree
que te domina y que lo sabes,
tú eres ajeno a él, estás dormido,
estás soñando
la libertad que formas en el mundo
con la revolución sorda por dentro.

The New Sea

I.

To forget why I've come,
why I was born, we were born,
I come gaze at you, sea, in your constant madness.

Your movement, your restlessness calm me.
You're the only one who knows
how to just be yourself, just you
the lone and only one who allows no
response to your waves, your words,
to the haughty light's question.

On calm days, the air
with its sky high above it, believes
that it rules you and that you know it,
but you're oblivious to it, you're sleeping,
dreaming of
the liberty you embody in the world
with your muffled revolution within.

2.

Tú eres el solo que no quiere
otra cosa que ser, estar en ti, en sí,
y tu lucha es contigo, dinamista
estético, perdiente jugador
de la inmensa belleza solitaria.

Tú eres sólo el más solo de lo todo.
Ni nos ves, como el cielo,
ni quieres que te vean; ni te importa,
ni tienes un consuelo, una respuesta
para el que va a mirarte desde sí,
no desde ti,
para él que va por ti a su centro.

2.

You are the lone one who desires nothing
but existence, in and of itself,
and your struggle is with yourself, aesthetic
dynamist, losing gambler
of your immense solitary beauty.

You only are the most solitary of all.
You neither see us, as the sky does,
nor do you wish to be seen; it doesn't matter to you,
you offer no solace, no answer
when I come to contemplate you through my own being,
not through yours,
seeking my own center through you.

3.

Pero a mí no me importa que no escuches.
Yo sé que tú eres tú, y que no podría
ser como tú, y esto me basta;
amigo de verdad, si relación,
amigo en la belleza, en la locura,
amigo en no querer ser nada más,
en no querer saber de nadie más.

De nada más. Gritas y brillas,
y saltas y te hundes, te oscureces,
te encojes, te dilatas,
llegas a todas partes y te alejas,
hablas todas las lenguas y te callas,
lloras inmensamente, ríes
a carcajadas que terminan
en alegría universal,
te ofreces y te quitas...
Y todo porque sí, gran paraíso
de acumulada libertad interna.

3.

But I don't care if you don't listen.
I know that you're you, and that I could not
be like you, and that's enough for me;
true friend, if you relate to me at all,
friend in beauty, in madness,
friend in not wanting to be anything more,
in not caring to know about anyone else.

Nothing more. You yell and shine,
leap and sink, darken,
shrink, swell,
reach everywhere and pull back,
speak all languages and fall silent,
weep profusely, laugh
in great peals that end
in universal happiness,
offer yourself and shy sway...
And all this for no good reason, great paradise
of accumulated internal liberty.

4.

Tú, mar desnudo,
vives, mar, en el centro de la vida;
donde estés tú es el centro,
principio y fin de todo, mina viva.
Eres mar, lo desnudo, la belleza
desnuda,
la única belleza que no admite
vela exterior, como la tierra,
que rompe, que se traga todo velo
y lo convierte en desnudez, la fuente
de todo lo desnudo, pie de Venus
en un momento de contacto humano,
como una concreción de ti
al alcance del hombre.

En ti estás, mar, en tu ola eterna,
el poder y la forma
de todo lo desnudo, metamorfosis
constante,
eterna desnudez de desnudeces.

4.

You, naked sea,
you live, sea, in the center of life;
wherever you are is the center,
beginning and end of everything, living mine.
You, sea, are nakedness,
naked beauty,
the only beauty that allows no
exterior candle, like the earth,
that rips, swallows up any veil
and converts it into nakedness, the source
of everything naked, Venus' foot
in a moment of human contact,
like a concretion of yourself
within reach of man.

You're in yourself, sea, in your eternal wave,
the power and form
of everything naked, constant
metamorphosis,
eternal nakedness of nakednesses.

5.

Obra en orilla, estoy de pie
entre mi obra y tú. De ti me voy
a ella, nuevo ejemplo,
ejemplo libre de mi obra.

En sucesión eterna lo eres todo,
todo lo que en el mundo puede ser
y todo lo demás
sin principio y sin fin, mi obra y tu ola,
carne y alma y espejo a un tiempo de ella,
inocencia, esperanza en luz igual,
en plano igual, en igual sitio,
en paz y fuerza unidas,
mar poeta
con la matriz en ti,
trabajador infatigable
a la luna y al sol igual en fuerza,
al alba, al mediodía y a la tarde
y por la noche,
despierto soñador de tus abismos.

5.

Working the shoreline, I stand
between my work and you. I go back and forth
between it, a new version,
free example of my work.

In eternal succession you are everything,
everything that can be in the world
and everything else, too,
without beginning or end, my work and your wave,
flesh and soul and simultaneously mirror of you,
innocence, hope in equal light,
on an equal plane, in an equal place,
united in peace and strength,
poet sea
your own words,
indefatigable worker
equal in strength to the moon and sun,
to dawn, noon, afternoon,
and night,
wakeful dreamer of your abyss.

6.

Muerte viva eres, mar; cojes la muerte,
la bates, la incorporas, la despides,
la unificas en ti.

7.

Mar loco, razón única del mundo,
qué bien te mides tu razón inmensa
con tu locura innumerable.
Yo quiero enloquecer de tu locura,
mi pensamiento quiere ser tú mismo,
con todo lo demás, como tus peces,
tus flores y tus piedras,
sin hacer mella alguna en tu ser solo.

¡Qué paz inmensa tu infinita guerra!

¡Ay, no poder quedarme vivo en ti,
sin hambre, sed ni sueño,
porque no quiero verte sino serte,
ser en ti yo, vivir yo en ti,
ser, terminado como tú, yo mismo siempre,
y siempre igual, siempre distinto,
repetido y sin guía, siempre.

6.

You're a living death, sea; you grab death,
beat it, incorporate it, push it away,
unify it in you.

7.

Mad sea, only reason of the world,
how well you balance your immense reason
with your innumerable madness.
I want to be driven mad by your madness,
my thought wants to be you yourself,
with everything else, like your fish,
flowers and stones,
without damaging your solitary being.

What immense peace your infinite war!

Alas, I cannot remain alive in you,
without hunger, thirst or sleep,
because I don't want to see you but rather be you,
I want to be in you, live in you,
to be, finished like you, still I myself,
and always the same, always different,
repeated and without guide, always.

y 8.

El hombre
debiera poder ser lo que desea,
debiera poder ser en la medida
de su ilusión y su deseo.
Entonces yo sería tú, que eres tú mismo,
que eres lo deseado del total deseo.

Tú solo, mar, lo sabes todo,
todo lo olvidas;
tú solo, mar, te bastas y te sobras.
Eres, dejas de ser, a un tiempo, todo.

and 8.

Man
should be able to be what he desires,
should be able to be to the extent
of his aspiration and his desire.
Then I would be you, who are you, yourself,
you are what is desired of total desire.

You alone, sea, know everything,
you forget everything;
you alone, sea, are self sufficient and more.
You are, and you cease to be, simultaneously, everything.

En mi tercero mar

En mi tercero mar estabas tú
de ese color de todos los colores
(que yo dije otro día de tu blanco);
de ese rumor de todos los rumores
que siempre perseguí, con el color,
por aire, tierra, agua, fuego, amor
tras el gris terminal de todas las salidas.

Tú eras, viniste siendo, eres el amor
en fuego, agua, tierra y aire,
amor en cuerpo mío de hombre y en cuerpo de mujer
el amor que es la forma
total y única
del elemento natural, que es elemento
del todo, el para siempre;
y que siempre te tuvo y te tendrá
sino que no todos te ven,
sino que los que te miramos no te vemos hasta un día.

El amor más completo, amor, tú eres,
con la sustancia toda
(y con toda la esencia)
en los sentidos todos de mi cuerpo
(y en todos los sentidos de mi alma)
que son los mismos en el gran saber
de quien, como yo ahora, todo, en luz, lo sabe.

Lo sabe, pues lo supo más y más;
el más, el más, camino único de la sabiduría;
ahora yo sé ya que soy completo,
porque tú, mi deseado dios, estás visible,
estás audible, estás sensible
en rumor y en color de mar, ahora;
porque eres espejo de mí mismo
en el mundo, mayor por ti, que me ha tocado.

In my third sea

You were there in my third sea
that color of all colors
(as I said the other day of your white);
that murmur of all murmurs
that I always pursued, along with color,
through air, earth, water, fire, love,
toward the terminal gray of all outcomes.

You were, you've always been, you are love
in fire, water, earth and air,
love in my man's body and in a woman's body
love that is
the sole total form
of the natural element, element
of everything forever;
that has always held you and always will
except that not everyone sees you,
except that we who look at you don't see you until one day.

Love, you are the most complete love,
with all your substance
(and with all your essence)
in all the senses of my body
(and in all the senses of my soul)
which are the same in the great wisdom
of someone, who, like me today, knows everything in light.

Someone who knows and has grasped it more and more;
that more, more, the only road to wisdom;
today I know for sure that I am complete
because you, my desired god, are visible,
you are audible, you can be sensed
in the murmur and the color of the sea, now;
because you are the mirror of myself
in the world, greater for you, that I've been given.

Todas las nubes arden

Todas las nubes arden
porque yo te he encontrado,
dios deseante y deseado;
antorchas altas cárdenas
(granas, azules, rojas, amarillas)
en alto grito de rumor de luz.

Del redondo horizonte vienen todas
en congregación fúlgida,
a abrazarse con vueltas de esperanza
a mi fe respondida.

(Mar desierto, con dios
en redonda conciencia
que me habla y me canta,
que me confía y me asegura;
por ti yo paso en pie
alerta, en mí afirmado,
conforme con que mi viaje
es al hombre seguido, que me espera
en puerto de llegada permanente,
de encuentro repetido.)

Todas las nubes que existieron,
que existen y que existirán,
me rodean con signos de evidencia;
ellas son para mí
la afirmación alzada de este hondo
fondo de aire en que yo vivo;
el subir verdadero del subir,
el subir del hallazgo en lo alto profundo.

All the clouds are ablaze

All the clouds are ablaze
because I have found you,
desired and desiring god;
tall purple torches
(crimson, blue, red, yellow)
in a loud cry of murmurs of light.

The entire resplendent congregation
comes from the rounded horizon
to embrace each other rings of hope,
my answered faith.

(Deserted sea, with a god
in rounded consciousness
who talks and sings to me,
who trusts and reassures me;
I wade through you
alert, affirmed within myself,
accepting that my journey
is to the man who's preceded me, who waits for me
in that port of permanent arrival,
of frequent encounters.)

All the clouds that once existed,
that exist and that will exist,
surround me with signs of evidence;
for me they are
the raised affirmation of this profound
depth of air in which I live;
the true climb of the ascent,
the ascent of discovery in the profound heights.

En lo mejor que tengo

Mar verde y cielo gris y cielo azul
y albatros amorosos en la ola,
y en todo, el sol, y tú en el sol, mirante
dios deseado y deseante,
alumbrando de oros distintos mi llegada;
la llegada de este que soy ahora yo,
de este que ayer mismo yo dudaba
de que pudiera ser en ti como lo soy.

   ¡Qué trueque de hombre en mí, dios deseante,
de ser dudón en la leyenda
del dios de tantos decidores,
a ser creyente firme
en la historia que yo mismo he creado
desde toda mi vida para ti!

   Ahora llego yo a este término
de un año de mi vida natural,
en mi fondo de aire en que te tengo,
encima de este mar, fondo de agua;
este término hermoso cegador
al que me vas entrando tú,
contento de ser tuyo y de ser mío
en lo mejor que tengo, mi expresión.

The Best I Have

Green sea and gray and blue sky,
albatrosses in love on the wave,
over everything the sun, and you in the sun, gazing
desired and desiring god,
illuminating my arrival with shades of gold;
the arrival of the self I am now,
this self that even yesterday I doubted
could be within you as I am.

   What a changed man I am, desiring god,
from doubter of the legendary god
mentioned by so many,
to firm believer
in the story I myself have created
from the whole of my life for you!

   Now I've come to the end
of a year of my natural life,
in my depth of air in which I hold you,
over this sea, with its deep water
this beautiful, blinding end
which you are drawing me into,
happy to be yours and to be mine
in the best I have to offer, my expression.

RíoMarDesierto

A ti he llegado, riomar,
desiertoriomar de onda y de duna,
de simún y tornado, también, dios;
mar para el pie y el brazo,
con el ala en el brazo y en el pie.

Nunca me lo dijeron.
Y llego a ti por mí en mi hora, y te descubro;
te descubro con dios, dios deseante,
que me dice que eras siempre suyo,
que eras siempre también mío
y te me ofreces en sus ojos
como una gran visión que me faltaba.

Tú me das movimiento en solidez,
movimiento más lento, pues que voy
hacia mi movimiento detenido;
movimiento de plácida conciencia
de amor con más arena
arena que llevar bajo la muerte
(la corriente infinita que ya dije)
como algo incorruptible.

Por ti, desierto mar del río de mi vida
hago tierra mi mar
me gozo en ese mar (que yo decía
que no era de mi tierra);
por ti mi fondo de animal de aire se hace
más igual; y la imagen
de mi devenir fiel a la belleza
se va igualando más hacia mi fin,
fundiendo el dinamismo con el éxtasis.

RiverSeaDesert

I've come to you, riversea,
desertriversea of wave and dune,
of sandstorm and tornado, god, as well,
sea for feet and arms,
feet and arms both winged.

They never told me.
And I come for you in search of myself,
and I find you, when my time comes
I discover you with god, a desiring god,
who tells me that you were always his,
that you were always also mine
and in his eyes you offer yourself to me
like a grand vision that I always needed.

You give me motion in solidity,
a slower motion, since I'm headed
toward my suspended motion,
a movement in clear conscience
of love with more sand,
sand to carry under death
(the infinite current I mentioned)
like something incorruptible.

For you, desert sea of the river of my life
I make my sea into land,
I revel in that sea (that I said
was not of my land),
for you my basic nature as an air-breathing animal
becomes more balanced; and the image
of my unswerving path to beauty
is more in balance as I reach my end,
fusing dynamism with ecstasy.

Mar, para poder yo con mis dos manos
palpar, coger, fundir el ritmo de mi ser escrito,
igualarlo en la ola de agua y tierra.

Por mí, mi riomardesierto,
la imagen de mi obra en dios final
no es ya la ola detenida,
sino la tierra sólo detenida
que fue inquieta, inquieta, inquieta.

Sea, so that I can, with my two hands,
touch, hold, forge the rhythm of my written self,
smooth it out in the wave of water and land.

For me, my riverseadesert,
the final image of my work as god
is no longer that suspended wave
but rather just of land held in suspense
land once so restless, restless, restless.

Ola sin nada más

Un mar que queda fuera,
cuyo color, silbar, olor
nada me dicen;
un mar al que le busco
inútilmente el corazón.

¿No corresponde
el mar a tierra alguna,
para mí? ¿No es el mar
que soñé humano, que pensé divino
desde una tierra mía;
el mar que circundaba
de fe la tierra de oro?

Es mar de subibaja,
sin nombre y sin sentido;
no abismo de consuelo,
sí sombra desasida,
suelta ola;
sombra que no se une,
ola sin nada más.

Just a Wave

A sea that remains outside
whose color, sound, smell
say nothing to me;
a sea whose heart
I seek in vain.

Doesn't the sea belong
to some land, for me?
Isn't this the sea I imagined
human, that I thought divine
from a land of mine;
the sea that encircled
the golden land with faith?

It's a sea that ebbs and flows,
without name or purpose;
not an abyss of consolation,
but a detached shadow,
a random wave;
shadow without unity,
just a wave.

THE TRANSLATORS

Mary Berg is a writer and translator. She has translated a number of books from Spanish, including *I've Forgotten Your Name* by Martha Rivera, *River of Sorrows* by Libertad Demitropulos, *Ximena at the Crossroads* by Laura Riesco, and *The Landscape of Castile* by Antonio Machado. She teaches at Harvard University Extension and Brandeis University.

Dennis Maloney is a poet and translator. His works of translation include *The House in the Sand* by Pablo Neruda and *The Landscape of Castile* by Antonio Machado. His most recent volume of poetry is *Just Enough*.

9 781935 210016